より深く楽しむために

日本の城

鑑賞のポイント65

中井 均［著］

メイツ出版

日本の城 鑑賞のポイント65

目次

【基礎編】―城郭を「知る」―

【構造編】―城郭を「見る」―

＊本書は2009年発行の『日本の城郭　鑑賞のコツ65』を元に加筆・修正を行っています。

【応用編】—城郭を「楽しむ」—

コラム

その他

根室半島チャシ跡群　五稜郭　福山城（松前城）
戸切地陣屋
弘前城　根城
盛岡城
久保田城
山形城　鶴岡城　上山城
多賀城　仙台城　白石城
二本松城　会津若松城　白河小峰城
足利氏館
水戸城
鉢形城　川越城
江戸城　八王子城　滝山城
佐倉城
新発田城　春日山城
高崎城　箕輪城　金山城
松代城　上田城　小諸城　松本城　高遠城　高島城　龍岡城
高岡城
小田原城
武田氏館　甲府城
山中城　駿府城　掛川城
岩村城　岐阜城　郡上八幡城　大垣城

全国名城map

小谷城　彦根城　安土城　観音寺城

二条城

竹田城　篠山城　明石城

姫路城　赤穂城

鳥取城

津山城　備中松山城　鬼ノ城　岡山城

松江城　月山富田城　津和野城

福山城　郡山城　広島城

岩国城　萩城

福岡城　大野城　元寇防塁

名護屋城　吉野ケ里遺跡　佐賀城　唐津城

平戸城　島原城　金田城

大分府内城　岡城　杵築城　佐伯城

熊本城　人吉城

鹿児島城

飫肥城

大洲城　宇和島城

今治城　湯築城　伊予松山城

高知城

高松城　丸亀城

徳島城

大坂城　千早城

和歌山城

高取城　多聞城

今帰仁城　中城城

首里城

本書の見方・使い方

本書では城郭鑑賞に役立つ項目を取り上げ、解説しています。
興味のある項目から読んでいただくことができます。

取り上げている項目にまつわる鑑賞のポイントです

鑑賞のコツとなる項目。城郭の基礎知識や天守・櫓などの建造物の鑑賞ポイントなど

取り上げている項目で、実際に鑑賞してもらいたい城郭を紹介しています

城郭鑑賞をするうえで知っておきたい基礎知識を紹介しています

紹介する項目のマニア度を五段階で表示しています

日本の城 鑑賞のポイント65

「基礎編」

城郭を「知る」

城郭の名称を覚えることで鑑賞のポイントが見えてくる

城郭の名称を覚えよう!

日本の近世城郭といえば世界文化遺産にも登録されている白亜の大天守群・姫路城や、漆黒の国宝天守群・松本城などを思い浮かべるでしょう。その壮麗さは、日本が世界に誇る文化遺産といえます。しかし、城郭はもともと軍事的な防御施設として造られたものです。そこには、先人たちの様々な工夫が施されています。諸外国の城には見ることのできない、日本独自の城。ここでは、まずはその魅力を知る前に、城郭の各建造物の名称を確認しましょう。ひとつ注意してもらいたいことは天守=城郭ではありません。石垣、門、櫓、土塁、堀……、様々な建築物や土木施設の集大成が城郭なのです。

姫路城

① 天守⇒P30～
② 天守台⇒P42～
③ 屋根⇒P44～
④ 破風⇒P48～
⑤ 窓⇒P51～
⑥ 櫓⇒P56～

名古屋城

⑦ 蔵⇒P62～

大坂城

⑧ 門⇒P65～

二条城

⑨ 塀⇒P68～

姫路城

⑩ 狭間⇒P72～

彦根城

⑪ 石落⇒P76～

伊予松山城

⑫ 石垣⇒P78～

伊賀上野城

⑬ 土塁⇒P84～

姫路城

⑭ 堀⇒P87～

大坂城

⑮ 御殿⇒P92～

二条城

⑯ 番所⇒P96～

弘前城

⑰ 馬屋⇒P98～

彦根城

⑱ 橋⇒P100～

和歌山城

城郭の発生起源を知って城郭本来の役割を確認しよう

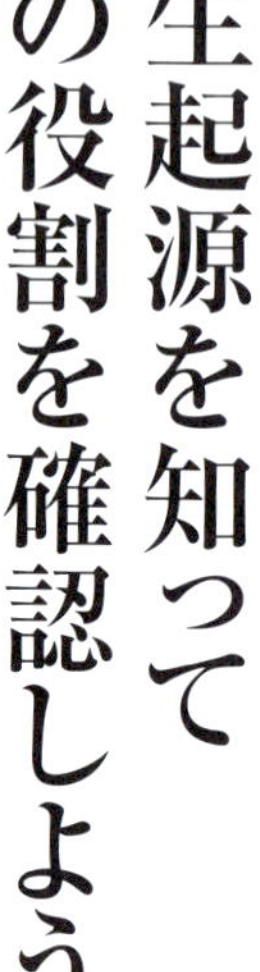

国境の島、対馬に築かれた金田城の石垣

起源は弥生時代の環濠集落

城郭とは軍事的防御施設のことで、その起源は弥生時代にまでさかのぼります。外敵から身を守るために集落の外側に環濠を掘り巡らせ、さらに外堤（がいてい）に土塁を巡らせていました。旭遺跡では環濠の中に逆茂木（さかもぎ）と呼ばれる先の尖った柵が打ち込まれ、吉野ケ里遺跡などでは環濠に沿って柵列が巡らされ、防衛強化が見て取れます。

対外的に山城を築く

天智天皇の時代（7世紀）に新羅との関係が悪化すると、本土防衛施設として西日本の沿岸には朝鮮式山城と呼ばれる山城が築かれます。山の八合目付近に石塁や土塁を併用して巡らせ、内部に倉庫などを設けて避難する構造の山城です。国境の島・対馬に築かれた金田城（かねたのき）は特に厳重で、延々8㎞にわたって石塁を巡らせています。

一方、東北地方には対蝦夷政策として城柵が数多く築かれます。これらは発掘調査の結果、築地（ついじ）によって囲まれた官衙（かんが）的構造であったことが判明。防御施設というよりも、古代国家の出先機関として築かれたものでした。

Point.1
弥生時代の環濠集落 吉野ケ里遺跡

弥生時代には二重、三重に濠を巡らせる環濠集落が各地に出現。吉野ケ里遺跡では環濠だけでなく、柵列や望楼の跡も検出されている

Point.2
巨大な石垣を残す謎の古代山城、鬼ノ城

国家的防衛構想として築かれた古代朝鮮式山城とは別に、記紀（古事記・日本書紀）には一切登場しない謎の山城も存在する。そのひとつ鬼ノ城は吉備の豪族によって築かれたものと考えられる

Point.3
多賀城は蝦夷政策の官衙であった

東北の蝦夷政策として数多くの城柵が築かれた。城柵とはいうもののその構造は古代の地方官衙に近いもので、多賀城は陸奥国府でもあった

探訪 Check

- [ ] 金田城（長崎県）
- [ ] 吉野ケ里遺跡（佐賀県）
- [ ] 鬼ノ城（岡山県）
- [ ] 多賀城（宮城県）

鑑賞のコツ

朝鮮式山城…飛鳥～奈良時代に築かれた西日本の古代の山城の中で、朝鮮半島からの影響を受けたと思われる城。奈良県・高安城、山口県・長門城、福岡県・大野城、長崎県・金田城など

官衙…現在でいう官庁のこと。律令制下の地方行政組織の国・群・里（郷）にあった役所のことを指す

中世(14~17世紀)は世界史的にも稀な、大築城時代だった

戦国大名浅井氏3代50年の居城となった小谷城

３００年間に３万城以上

日本列島には14世紀から17世紀に至る３００年の間に、約３～４万もの城館が築かれました。これほど多くの築城は世界史的にも異常なことで、日本の中世はまさに大築城時代であったといえます。そのピークは南北朝時代と戦国時代でしたが、鎌倉時代には元代の襲来に備える国家的防衛施設として、博多湾沿いに石築地と呼ばれる石塁が築かれました。中世唯一の国家的築城で、九州の御家人に動員がかけられ、防塁は総延長20㎞に及ぶものでした。

戦国に人工的防御施設誕生

南北朝時代には、鎌倉幕府の正規軍である騎兵に対抗するため、急峻な山頂に城を構えて立て籠もりました。急峻な山そのものが要害となり、したがって人工的な防御施設は未発達のままで、城は極めて臨時的な施設でした。ところが応仁の乱後の戦乱により、山城は恒常的な施設となり、人工的な防御施設として曲輪、切岸、土塁、堀切が出現します。こうした防御施設は、戦乱の拡大とともに工夫改良され、近世城郭へと発展していきます。

Point.1
博多湾に築かれた防塁は石築地と呼ばれていた

元の襲来に備えて文永の役（1274）後に、九州の御家人を動員して割普請（わりぶしん）で築かせた

Point.2
鎌倉幕府の大軍と戦った千早城

南北朝時代の山城は騎馬では攻められない急峻な山に構えられた。楠木正成が立て籠もった千早城は数万の鎌倉幕府軍の攻撃にも落城しなかった

Point.3
滝山城は関東最大級の土づくりの城

滝山城は戦国時代後半に後北条氏の一門北条氏照によって大改修された城。馬出（うまだし）、桝形（ますがた）、横矢など戦国期の土づくりの城の到達点を示している

探訪 Check

- □ 小谷城（滋賀県）戦国時代
- □ 元寇防塁（福岡県）鎌倉時代
- □ 千早城（大阪府）南北朝時代
- □ 滝山城（東京都）戦国時代

鑑賞のコツ

曲輪…城郭の一区画のこと。城を築く際に削平地を作り、堀などで仕切る。この仕切られた一区画のことで、丸とも呼ばれる

切岸…斜面を削って人工的に断崖とした構造で、斜面を通して敵の侵入を防ぐために造られた防御施設

元寇防塁…鎌倉時代に、元の襲来に備え博多湾に沿って約20kmの海岸に築かれた石の防塁

城郭の立地条件を知ればそれぞれの城郭機能がわかる

急峻な臥牛山（がぎゅうざん）に築かれた備中松山城

近世は山城の数が減少

近世の城郭は立地によって大きく3つに分類されます。山城、平山城、平城です。戦国時代には多くの山城が築かれましたが、近世では山城は激減。その典型例は岩村城、高取城、備中松山城、岡城などですが、いずれも戦国時代からの拠点城郭を改修したものです。関ヶ原合戦（1600年）後に新たに築かれた山城は、豊後佐伯城のみです。さらに、こうした山城は居住には不便であったため、山麓に居館が構えられました。

平山城、平城が加わる

平山城は低山や丘陵全体を石垣によって階段状に造成。その形状が雛壇のようで、一二三段と称しています。平城は平地に築かれたので、防御強固のために、幅の広い堀や数多くの櫓が建てられました。江戸幕府編纂の『正保城絵図』には山城、平山城、平城と記され、江戸時代もこの分類であったことがわかります。しかし大洲城のように平山城であるのに山城と記した事例もあり、基準は不明ですが、幕府がこの3つを要求していたことは明白です。

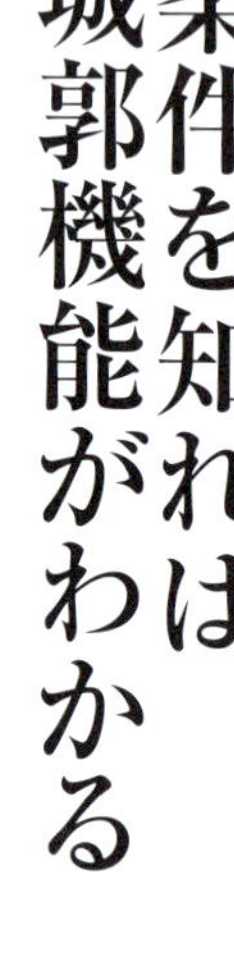

Point.2
石垣によって築かれた一二三段は津山城の最大の見せ所

鶴山（かくざん）に雛壇のように石垣が築かれた堂々たる景観。これを一二三段と呼んでいる

Point.1
和歌山城は伊予松山城、姫路城とともに日本三大平山城といわれている

虎伏山（とらふすやま）の頂上部に天守曲輪と本丸を配し、山麓には堀を巡らせて巨大な御殿ゾーンを設けた

Point.3
京都の市街地の中央に築かれた二条城

平地での防御性を高めるため、幅の広い水堀と、高石垣が築かれた。二条城は将軍の京都における宿泊施設として築かれた城である

Check

- □ 備中松山城（岡山県）山城
- □ 和歌山城（和歌山県）平山城
- □ 津山城（岡山県）平山城
- □ 二条城（京都府）平城

鑑賞のコツ

正保城絵図…正保元年（1644）に江戸幕府が諸藩に命じて作成させた城郭の地図。城郭内の建造物、石垣の高さなどの軍事情報が精密に描かれているほか、城下の町割・山川の位置・形が詳細に掲載されている

一二三段…平山城の中で、階段状に造られた石垣の総称。雛壇のように見えることから一二三段と名付けられた

各時代の城郭の形式を知り おおよその築城年代を推測する

近世城郭に多大の影響を与えた信長の安土城

日本最初の天主は安土城

天正4年（1576）、織田信長によって築かれた安土城では①高石垣 ②瓦 ③天主などの礎石建物が導入され、戦国時代の土の城とはまったく違う城郭が出現しました。豊臣秀吉の大坂城もこの安土城の3つの要素を踏襲。こうした信長、秀吉と家臣たちが築いた斉一性の強い城郭を織豊系城郭と呼んでいます。関ヶ原合戦による諸大名の転封により、各地で新たな居城造りが始まり、織豊系城郭よりも進化した高石垣、幅の広い水堀、本丸に天守がそびえるといった近世城郭が成立しました。

江戸中期以降は軍学の影響大

近世城郭は慶長年間に築城のラッシュを迎えますが、その後「一国一城令（1615年）」が発布され、新規の築城はほとんど行われなくなります。一方、泰平の世は実戦からかけ離れた、机上のシュミレーションとしての軍学が発達します。江戸時代の数少ない新規の築城は、こうした軍学に基づいて設計されたものでした。幕末にはヨーロッパの稜堡式築城が導入され、五稜郭などが築かれました。

Point.2 江戸時代中期に山鹿流軍学によって築かれた平戸城

城主格大名であったにもかかわらず、城を持っていなかった松浦氏が元禄16年（1703）に幕府の許可を得て築いたのが平戸城。その設計は山鹿素行（やまがそこう）が行った

Point.1 関ヶ原合戦後に新たな毛利氏の居城として築かれた萩城

関ヶ原合戦の結果、防長2ヶ国に減封となった毛利氏が新たに築いた萩城。背後の指月山（しずきやま）に詰城（つめのしろ）を構えた2元的構造の城である

Point.3 ヨーロッパの築城法によって築かれた五稜郭

大砲戦に備えて塁を低くし、死角をなくす稜堡式築城が16世紀にフランスで考案された。日本では幕末にこの築城法が導入され、日本人の手によって五稜郭、戸切地（へきりち）陣屋、龍岡五稜郭などが築かれた

●探●訪●
Check

- □ 安土城（滋賀県）織豊期
- □ 萩城（山口県）江戸時代初期
- □ 平戸城（長崎県）江戸時代中期
- □ 五稜郭（北海道）江戸時代後期

鑑賞のコツ

転封…江戸幕府の命令で、大名の領地を他に移すこと。移封、国替えともいう。幕府が諸大名に対して有していた処分権のひとつ

一国一城令…元和年間（1615）に江戸幕府が制定した法令。一国に大名が居住あるいは政庁とする城はひとつだけ。諸大名の軍事力を抑えるため、残りは破却させた

防衛拠点のために築かれた近世城郭だが戦で使われたのは2回だけだった

戊辰戦争で最大の戦場となった会津若松城

古城での戦いはあったが

関ヶ原合戦以後に築かれた近世城郭では、実際に戦が行われたのは2回のみ。寛永14年（1637）に勃発した島原の乱では、一揆軍が富岡城を攻め、大手は破られたものの落城はまぬがれました。一方、一揆軍は廃城となっていた原古城に立て籠もります。原城は有馬氏の古城でしたが、石垣などはそのまま残されており、それらを利用して籠城。幕府はオランダ軍艦に依頼して、海上よりの砲撃を加えました。乱後、幕府は古城の再利用を警戒して、徹底した城割を実施します。

戊辰（ぼしん）戦争で多くが落城

慶応4年（1868）から明治2年（1869）まで続いた戊辰戦争によって、関東から東北の諸城で実際に戦闘が行われました。しかし、西洋の新式火器を装備した新政府軍の前に、旧式の火器しか持たない東北諸藩の城はことごとく落城しています。またヨーロッパの築城法で築かれた松前藩の戸切地陣屋（へきりちじんや）は、旧幕府軍の攻撃に自焼し、福山城や館城は落城します。一方、五稜郭や四稜郭は新政府軍の攻撃に降伏開城しています。

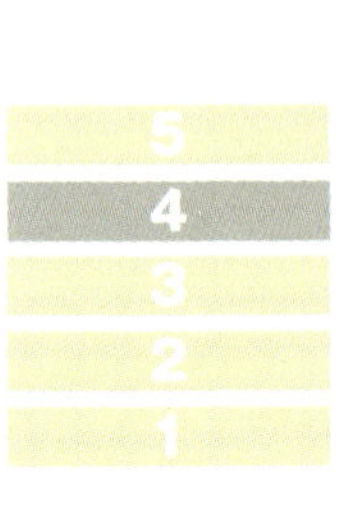

Point.2
わずか1日で落城した東北の要、白河小峰城

幕末の白河小峰城は幕府領として丹羽氏預かりであり、戊辰戦争では藩主不在であった。奥羽越列藩同盟軍が守備していたが、新政府軍の攻撃に1日で落城している

Point.1
戊辰戦争で最大の戦場となった会津若松城

会津若松城では30日に及ぶ籠城戦がくり広げられた。しかし、大砲の攻撃にさらされても天守は焼失しなかった

Point.3
稜堡式築城の利点を生かせなかった五稜郭での戦い

五稜郭内部に設けられた箱館奉行所の楼閣が艦砲射撃の的となり、新政府軍に射撃角度を合わせられ、郭内に次々と着弾を許してしまった

- □ 会津若松城（福島県）
- □ 白河小峰城（福島県）
- □ 五稜郭（北海道）
- □ 二本松城（福島県）

鑑賞のコツ

戸切地陣屋…北海道北斗市にあった陣屋

島原の乱…寛永14年（1637）から翌年にかけて、九州の島原・天草で起こったキリシタン一揆による反乱

戊辰戦争…慶応4年（1868）の1月から明治2年（1869）5月にかけて王政復古で成立した新政府と旧幕府軍との間で起こった内戦

日本三大名城を見て名城の条件について考える

石垣構築の第一人者、加藤清正によって築かれた熊本城
（平成28年の熊本地震により熊本城は被害を受ける。熊本城の写真はそれ以前のもの）

三大名城の鍵は縄張り

ここでは大坂城、名古屋城、熊本城を三大名城に選びたいと思います。近世城郭のイメージは天守、石垣、水堀といったものではないでしょうか。とりわけ天守こそが城であり、天守の存在しない城は城ではなく、城跡と思われている方が大変多いようです。しかし、名城の条件は決して天守だけではありません。城郭が軍事的な防御施設であることより、その縄張りを評価することが重要です。築城の名手といわれた加藤清正と藤堂高虎も、縄張りの名手だったのです。

名手加藤清正と藤堂高虎

徳川幕府が威信をかけて再建した大坂城では藤堂高虎が縄張りを担当、名古屋城でも高虎が行っています。熊本城は加藤清正によって縄張りが行われています。いずれの城でも桝形や横矢、馬出などが実に巧みに配置されています。こうした縄張りに、壮大な石垣や堀が加わることによって鉄壁の構えとなります。3城ともに、日本最大級の見事な打込接の石垣が積み上げられています。その石垣普請も加藤清正、藤堂高虎の手によるものです。

Point.2
日本最大の石垣によって築かれた大坂城

徳川幕府の威信をかけての大坂城再建。豊臣秀吉の大坂城をはるかに凌ぐ城を築かなければならなかった。このため用いられた石材ははるか瀬戸内や九州から運ばれた

Point.1
五階櫓、三階櫓という巨大な櫓の林立する熊本城

加藤清正の縄張りによって築かれた熊本城は、大名の城としてはおそらく日本最大であろう。高石垣によって築かれ、巨大な櫓が配置された構造は文句なしに名城である

Point.3
藤堂高虎の縄張りに加藤清正が石垣を築いた名古屋城

多くの大名を助役として動員する天下普請によって名古屋城は築かれた。その天守台の石垣は加藤清正によるもの。天守台隅石（すみいし）に清正の刻印が刻まれている

●探●訪●
Check

- [ ] 大坂城（大阪府）
- [ ] 名古屋城（愛知県）

鑑賞のコツ

藤堂高虎（1556～1630年）…戦国時代～安土桃山時代～江戸時代前期にかけての戦国武将。織田、豊臣、徳川を含む10人の主君に仕え、築城技術では加藤清正と並び称される存在

加藤清正（1562～1611年）…安土桃山時代～江戸時代前期にかけての戦国武将。豊臣秀吉、徳川家康に仕え、肥後熊本藩主となる。築城の名手として知られ、熊本城、江戸城、名古屋城など数々の築城に携わった

縄張り図の見方・読み方を知れば城郭鑑賞がより楽しくなる

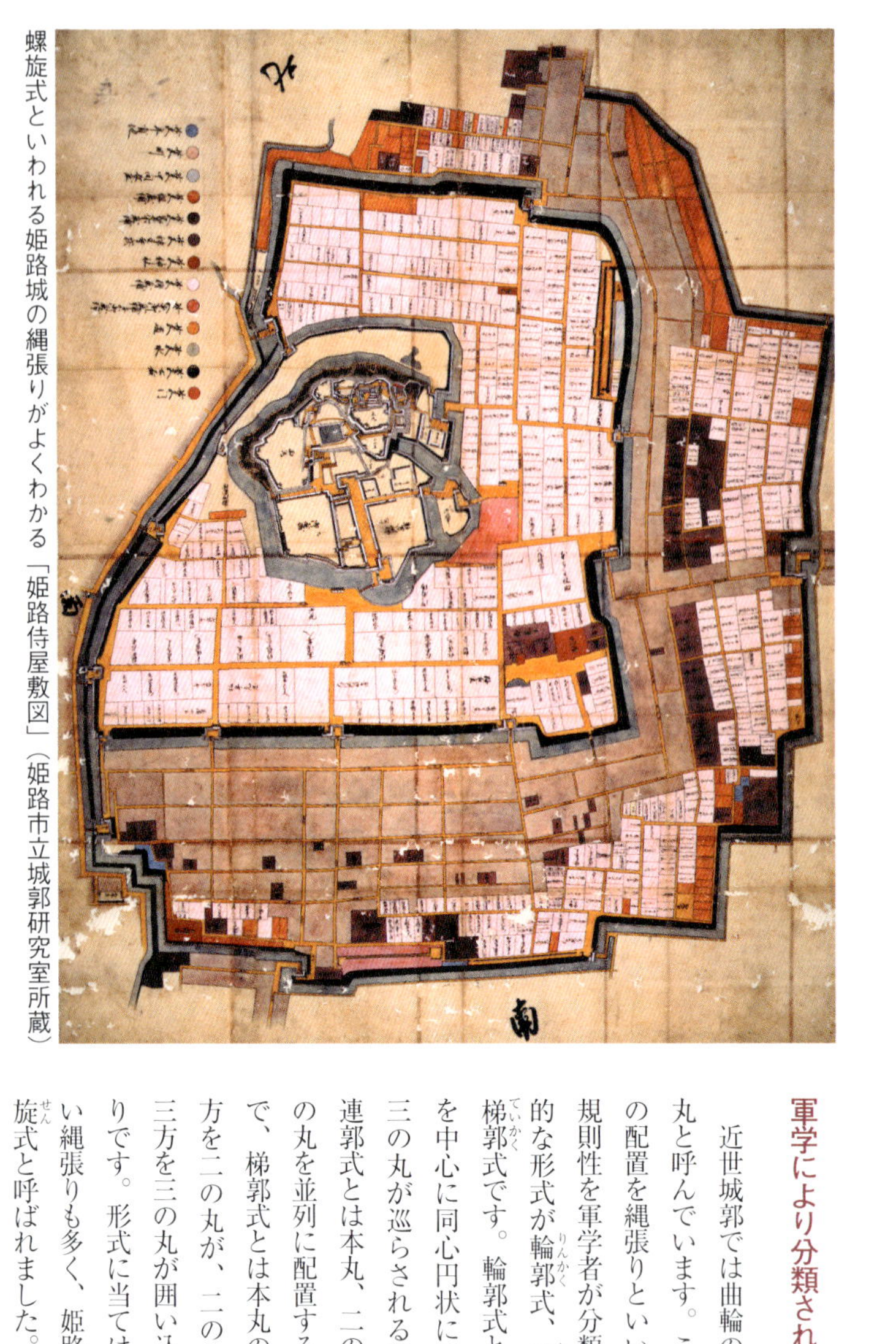

螺旋式といわれる姫路城の縄張りがよくわかる「姫路侍屋敷図」（姫路市立城郭研究室所蔵）

軍学により分類される

近世城郭では曲輪のことを丸と呼んでいます。この曲輪の配置を縄張りといい、その規則性を軍学者が分類。代表的な形式が輪郭式、連郭式、梯郭式です。輪郭式とは本丸を中心に同心円状に二の丸、三の丸が巡らされる縄張り。連郭式とは本丸、二の丸、三の丸を並列に配置する縄張りで、梯郭式とは本丸の二、三方を二の丸が、二の丸の二、三方を三の丸が囲い込む縄張りです。形式に当てはまらない縄張りも多く、姫路城は螺旋式と呼ばれました。

詳細に描かれた正保城絵図

こうした縄張りを描いたものを城絵図と総称しています。この城絵図の規範となったのが『正保城絵図』と呼ばれるものです。

正保元年（１６４４）に徳川幕府が諸藩に命じて作成させた城絵図で、曲輪の大きさ、堀の深さや幅、石垣の高さなどが詳細に註記されています。幕府は江戸城紅葉山文庫に保管していましたが、幕末には薩長軍によって仙台城と会津若松城の絵図が持ち出され、実際の城攻めに使われたのは有名な話です。

Point.2
台地上に一直線に曲輪が配置された水戸城の絵図

正保城絵図のうち「常陸国水戸城絵図」。常陸の戦国大名佐竹義宣によって築かれた水戸城は関東では戦国時代に多く築かれた台地を切断する連郭式構造であった

「常陸国水戸城絵図」（国立公文書館所蔵）

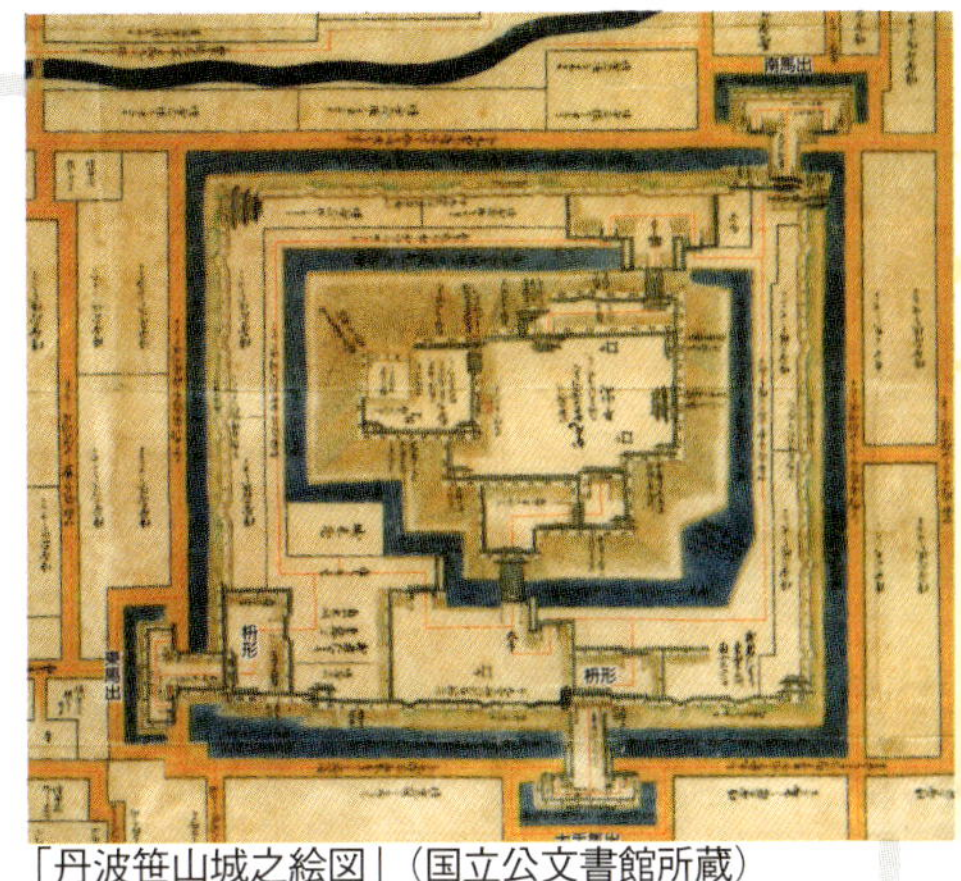
「丹波笹山城之絵図」（国立公文書館所蔵）

Point.1
本丸に平山城と記された「丹波笹山城之絵図」

篠山城を描いた正保城絵図。本丸、二の丸が同心円状に配置される輪郭式の典型例。西国では珍しい角馬出（かくうまだし）が備えられている

Point.3
背面に海を控えた後堅固の萩城を描いた絵図

萩城は本丸の前面に二ノ丸、三ノ丸を配置し、後方は日本海によって防御される梯郭式縄張り。指月山の頂上には詰丸も構えられていた

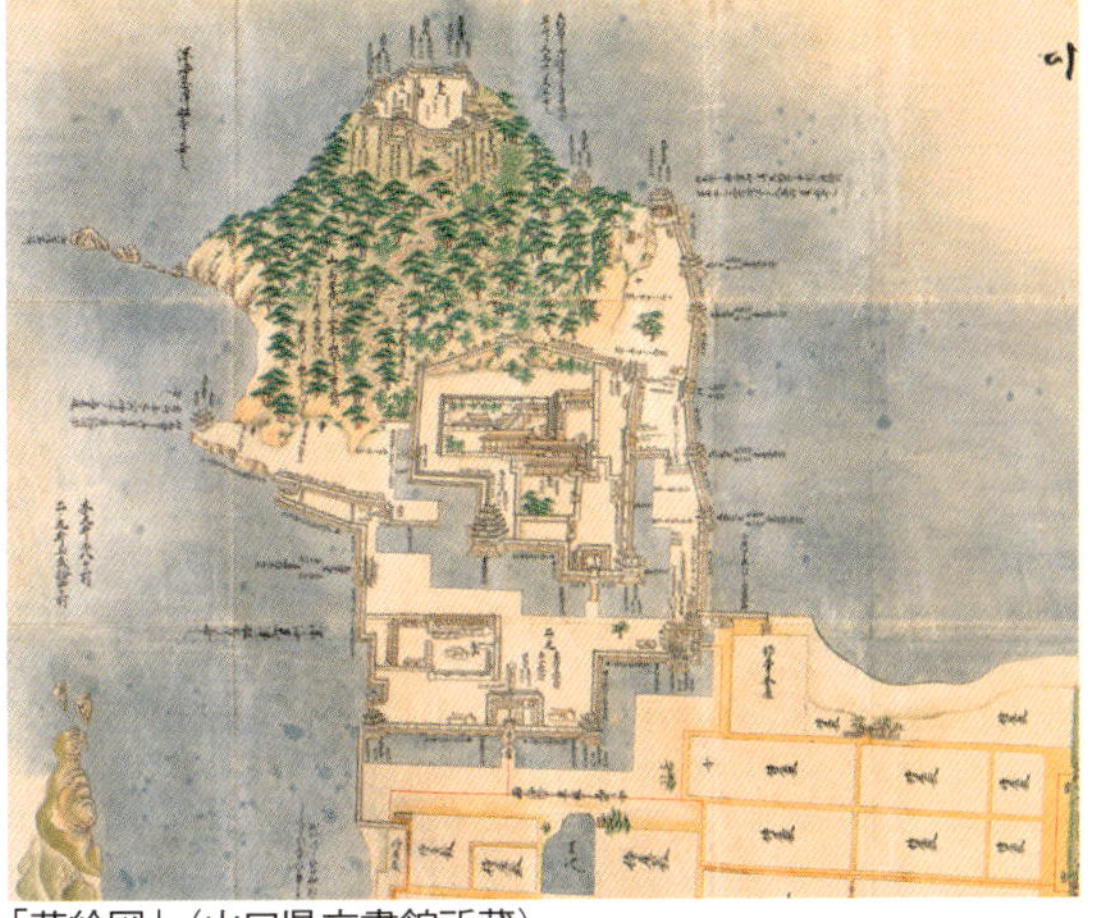
「萩絵図」（山口県文書館所蔵）

探訪 Check

- 姫路城（兵庫県）螺旋式
- 篠山城（兵庫県）輪郭式
- 水戸城（茨城県）連郭式
- 萩城（山口県）梯郭式

鑑賞のコツ

紅葉山文庫…徳川家康が江戸城内の紅葉山に設けた文庫（現代でいう図書館）。明治になり内閣文庫に継承され、昭和46年（1971）、国立公文書館が設置され移管

角馬出…土塁が四角形の馬出（P65参照）のこと

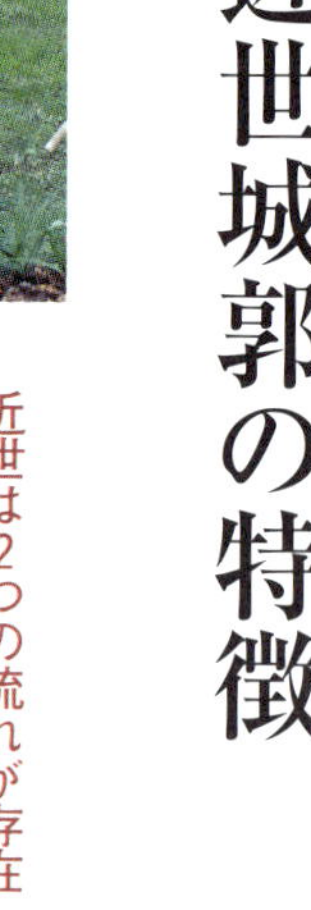

東は土塁、西は石垣 東西で分かれる近世城郭の特徴

水戸城の巨大な空堀には石垣は一切用いられていない

近世は2つの流れが存在

江戸時代に著された『明良(めいりょう)洪範(こうはん)』の中に「古の定めに堀は東国大名、石垣は西国大名」と記されているように、関東以北の近世城郭では土塁造りの城が圧倒的に多い。これに対して西国の近世城郭では、小藩であっても石垣によって築かれています。これは、西国大名がいち早く豊臣大名として石垣構築技術を会得したためです。一方、東国に石垣が少ないのは、東国大名の城造りが戦国以来の伝統的な土造りによって行われた結果といえそうです。つまり、近世城郭が全て石造りの城になるのではなく、石造りと土造りの城という2つの築城の流れが存在したのです。

馬出は東国、櫓は西国

縄張りに注目すると、関東周辺の城には丸馬出(まるうまだし)や角馬出が多用されている点も実に戦国的です。一方、西国では篠山城に設けられているにすぎません。さらに作事面では東国では巨大な城でも隅櫓が構えられる程度で櫓はそう多く配置されていません。しかし西国では巨大な城になると数十の櫓が林立するように配置されています。

5
4
3
2
1

Point.2
山全体に階段状の石垣を築いた津山城

雛壇のように階段状に石垣を配した構造を一二三段と呼ぶ。石垣の城の到達点を示すものである

Point.1
扇の勾配と呼ばれる石垣によって築かれた熊本城

下部は緩い勾配で、上部は急勾配となる石垣は扇の勾配と呼ばれ、加藤清正が得意とした

Point.3
石造りではなく、土造りを選んだ久保田城

常陸の戦国大名佐竹氏が関ヶ原合戦後に築城した久保田城では石垣がまったく用いられていない。近世になっても土による城造りを選んだのである

●探●訪●
Check

- □ 水戸城（茨城県）土造り
- □ 熊本城（熊本県）石造り
- □ 津山城（岡山県）石造り
- □ 久保田城（秋田県）土造り

鑑賞のコツ

明良洪範…慶長・元和から宝永・正徳にいたる幕府の事績（業績）を中心に記述された書物

丸馬出…土塁が半円形の馬出（P65参照）のこと

城主が代わっても、城郭の構造や特徴の変化は見られない

5
4
3
2
1

転封が繰り返し行われた山形城

江戸幕府による城郭修築の規制

戦国時代は築城や修築に規制はなく、城主によって自由に築かれ、増改修が行われていました。ところが近世城郭では元和元年（1615）に発布された「一国一城令」により、藩内には居城以外に城を築くことが禁止されます。さらに武家諸法度により、その居城の修築に厳しい規制が設けられ、幕府の許可なく修築することができなくなりました。こうした規制の結果、基本的には城主が代わっても城郭の構造には変化が認められなくなったのです。

転封があったのは譜代のみ

ところで近世城郭で城主が代わるとはどういうことなのでしょうか。大名は徳川家の一門である親藩、関ヶ原以前からの家臣である譜代、関ヶ原以後に家臣となった外様があります。親藩、外様は領地の移動である転封はありません。幕政に参画する譜代には転封があり、城主が代わりました。しかし、規制によって新しい城主による増改修は一切行われませんでした。つまり、譜代にとっての居城はあくまでも幕府からの預かり城だったのです。

Point.2
西国の雄藩島津家代々の居城、鹿児島城

島津77万石の居城、鹿児島城は意外なほど小規模な城で、構造的にも城と呼ぶよりもむしろ館に近いものである

Point.1
岡崎城は徳川家康生誕の城

譜代大名の転封のなかで、徳川家康が誕生した岡崎城への転封は名誉なこと。そのため岡崎城は出世城と称された

Point.3
最大の外様大名前田家の居城、金沢城

前田家100万石の居城金沢城は城郭建物の大半が海鼠壁（なまこかべ）となる華麗な城であった。しかし、天守は焼失後再建されていない

- [ ] 山形城（山形県）
- [ ] 岡崎城（愛知県）
- [ ] 鹿児島城（鹿児島県）
- [ ] 金沢城（石川県）

鑑賞のコツ

武家諸法度…江戸幕府が諸大名を統制するために出した法令。元和元年（1615）2代目将軍秀忠が発布し、最初は13箇条。3代将軍家光が参勤交代の制度などを加え19箇条になる

親藩…親藩は徳川家一門および分家で大名になったもの

譜代・外様大名…関が原の戦い以前からの徳川氏の家臣を譜代大名。それ以後に臣従したものを外様大名という

コラム

現存12天守をみる

近世城郭は、関ヶ原の合戦前後に築城のピークを迎え、城郭の象徴となる天守の数は200ヶ所以上ともいわれています。しかし、明治政府の廃城令での撤去や、戦災などによって多くの城が失われてしまいます。

現在、日本に残る現存の木造天守はわずか12城しかありません。そのうち4城が国宝、残りの8城が重要文化財に指定されています。

弘前城（重要文化財）
青森県弘前市

松本城（国宝）
長野県松本市

丸岡城（重要文化財）
福井県坂井市

犬山城（国宝）
愛知県犬山市

彦根城（国宝）
滋賀県彦根市

姫路城（国宝）
兵庫県姫路市

松江城（重要文化財）
島根県松江市

備中松山城（重要文化財）
岡山県高梁市

丸亀城（重要文化財）
香川県丸亀市

伊予松山城（重要文化財）
愛媛県松山市

宇和島城（重要文化財）
愛媛県宇和島市

高知城（重要文化財）
高知県高知市

日本の城 鑑賞のポイント65

「構造編」

城郭を「見る」

天守の外観は立地条件が異なるため規模・建築意匠など同じものはない

様々な破風を配した屋根は意匠に富み、大変美しい彦根城天守

天守は城郭の象徴となる

安土城に天主が創出されて以来、天守は城郭になくてはならない施設となります。その数は実に200ヶ所以上。『鍋島直茂譜考補』では慶長14年（1609）の1年間だけで、全国25ヶ所の城で天守が造営されたと記しています。それらは実に様々な構造で建てられており、同じものはひとつとしてありません。例えば、立地が同じ山城に注目すると、備中松山城では独立型の二重天守のみ。鳥取城も山上には二重の天守しか建てられていませんが、山麓には三重櫓を配しています。一方、高取城では三重の大天守と三重の小天守が配されています。

南蛮造りの天守

コツ16でも説明しますが、天守の築かれなかった天守台が出現する一方、高知城や水戸城など天守台を伴わない天守が築かれます。また、高松城や小倉城では最上階が下階よりも突出する南蛮造りと呼ばれる天守が造営されています。あるいは城郭の象徴である天守は、本丸に構えるのが通常です。しかし、西尾城や徳島城では二の丸に造営されています。

5
4
3
2
1

Point.1
白亜の巨大な天守群

姫路城は五重の大天守と3基の三重の小天守から成る。天守群も多くの破風を用いて変化に富む構造美を演出している

Point.2
残存する2基の五重天守のひとつ松本城天守

五重天守は天守建築の最大の規模を誇るが、残存するものは姫路城と松本城のわずか2基に過ぎない。姫路城が白亜の天守であるのに対し、松本城は下見板張の黒い天守である

Point.3
望楼型天守の典型である犬山城天守

巨大な入母屋造に小さな物見を載せた姿は、日本最古の天守という俗説を生んだ。実際には関ヶ原合戦後に造営されたものである

探訪 Check

- □ 姫路城天守（兵庫県）五重六階天守
- □ 大垣城天守（岐阜県）四重四階天守
- □ 彦根城天守（滋賀県）三重三階天守
- □ 犬山城天守（愛知県）三重四階天守

鑑賞のコツ

鍋島直茂（1538～1618年）…戦国時代～安土桃山時代の武将。佐賀藩の藩祖。豊臣秀吉に龍造寺氏領の統治を認められ、徳川家康に佐賀藩主に任命される。佐賀藩の基礎を築いた人物

本丸…城郭の中枢となる場所で曲輪の名称。山城では山頂に、平城では最も高い場所、または一番奥に設けられたとされる

入母屋造（いりもやづくり）の建物の上に物見を載せた望楼型は旧式の天守である

二階建ての大入母屋に三階の物見を載せた姫路城の大天守

初期天守の特徴とは？

天守の形式には望楼型と層塔型があります。望楼型は一階または二階建ての入母屋造の建物の上に二～三階の物見を載せたもので、初期の天守の構造です。天守の載る石垣が未発達なため、一階平面のゆがみを入母屋造の屋根に載せる望楼で補正できるので、初期の天守はすべて望楼型となっているのが特徴です。しかし望楼型とはいえ、すべての物見が高欄（こうらん）のつく廻縁（まわりえん）を巡らせていたわけではなく、姫路城や松江城では廻縁の外側に外壁を設けて室内に取り込んでいるため、外に出ることはできません。また、彦根城などは遠方から見ると廻縁が巡らされていますが、実は外部に出られません。さらに廻縁が雨で濡れないように板で囲ってしまった城郭もでてきます。

江戸中期に再建した復古式

層塔型天守が現れると望楼型は造られなくなります。しかし、江戸時代中期以降に再建された高知城などは望楼型。こうした再建天守を復古式と呼んでいます。そこには追慕だけではなく、新築を許さない幕府の規制があったことも否定できません。

5
4
3
2
1

Point.1
天守二重目や付櫓に石落しを設けた実戦本位の天守

松江城の天守は一・二階が同じ規模で、一重目の屋根は腰屋根となっている。一・二重目と大入母屋が板張で、望楼部が下見板張となっている

Point.2
大きな入母屋造の建物に望楼を載せた古式な外観

丸岡城天守の初重は大壁造に下見板張とし、二重目は真壁（しんかべ）造で腰を下見板張としている。古式な様式であるが、慶長18年（1613）頃の造営と考えられる

Point.3
江戸時代中期の復古式の望楼型天守

高知城の天守は延享4年（1747）に再建されたものであるが、その外観は望楼型の古式な様式となっている。天守台の存在しないことも特徴である

●探●訪●
Check

- □ 姫路城（兵庫県）望楼型天守
- □ 彦根城（滋賀県）望楼型天守
- □ 犬山城（愛知県）望楼型天守
- □ 丸岡城（福井県）望楼型天守

鑑賞のコツ

入母屋造…伝統的な屋根形式のひとつ。屋根上部を正面から見て前後2方向に勾配を持ち、下部は四方へ勾配を持つ屋根。寺院建築で多く見ることができる

廻縁…天守の最上階の外側に備えつけられた縁のことで、現代でいうベランダ。通常は高欄（手摺り）が付けられている

関ヶ原後の天守建築の主流・層塔型は一階が方形であることが絶対条件

松本城天守は飾り破風も少なく腰高に見える

大屋根をもたない単純構造

層塔型天守は築城の名手・藤堂高虎によって創始された天守構造です。その最初は慶長13年（1608）の伊予今治城天守といわれています。層塔型とは基部に入母屋造の大屋根を持たずに、単純に積み上げていくだけの構造となります。このような単純形式であるにもかかわらず、望楼型に後出するのは基礎となる天守台の構造にあります。天守が創設された頃は石垣を積む技術が未熟な時期でした。そのため創設期では正方形や方形の規則正しい天守台が積めなかったので、いびつな平面を是正することのできる望楼型が導入されたのです。

築城ラッシュに望楼型を駆逐

層塔型天守は下階から上階へ規則正しく小さくなります。この比率を逓減率（ていげんりつ）と呼びますが、一階平面が長方形になると最上階が異常に細長い平面となります。このため一階が方形であることが層塔型の絶対条件となります。また単純な構造は用材を規格化できます。規格材は関ヶ原合戦後の築城ラッシュで工期を短縮でき、望楼型を一気に駆逐しました。

5
4
3
2
1

Point.2
見せることを強く意識した丸亀城天守

元和以降の造営で、規則正しい逓減率によって築かれている。見せる意識が強く、最上階は正面の方が長辺であるにも関わらず妻側としている

Point.1
平和な時代に造営された宇和島城天守

天守台一杯に建てられず、玄関を持つ構造は平和な時代に造営されたことを物語っている。破風も装飾としてのみ設けられている

Point.3
矢狭間のみを配置した弘前城天守

弘前城天守は慶長年間に造営された天守の焼失後に、天守代用として再建された三階櫓である。城外側には矢狭間と出窓を配しており、層塔型としては重防備の姿をしている

探訪 Check

- □ 松本城（長野県）層塔型天守
- □ 宇和島城（愛媛県）層塔型天守
- □ 丸亀城（香川県）層塔型天守
- □ 弘前城（青森県）層塔型天守

鑑賞のコツ 予備知識

松本城…長野県松本市にある城郭。現存天守のひとつで、国宝にも指定されている。また、外壁は下見板張に黒漆を塗り、黒を基調とした格調高いもの。別名・烏城とも呼ばれている

下見板張…天守や櫓などに使用された外壁施工方法のひとつ。平たく長い板の上下を少し重ねて張った下見板で土壁を覆った壁

「重」と「階」の不一致は、新旧に関係なく様々な天守で見ることができる

三重四階地下二階の構造になっている犬山城天守

屋根数を「重」、階数を「階」

一般の建築物は屋根の数と階数は同じ数になりますが、天守の場合は必ずしも一致しません。そのため天守は、外観の屋根の数を「重」、内部の階数を「階」で表します。例えば犬山城は外観が三重で、内部が四階となっています。さらに天守台に穴蔵（地下室）が構えられているので、その階数も別にカウントします。つまり犬山城天守の場合は、三重四階地下二階ということになります。

ではどうして外観と内部の重階が一致しなくなったのでしょうか。

不一致の理由とは？

ひとつは犬山城のように古式の望楼型天守では屋根裏に階を持つ場合があります。また小田原城天守のように一重目を高くして、内部を二階とする例もあります。さらに高松城天守のように最上階が直下の階よりも張り出す南蛮造の場合は、その間に屋根が設けられないため二階分が一重となっています。このように望楼型、層塔型などの構造や時代の新旧に関係なく、天守の重階の不一致は認められます。

5
4
3
2
1

Point.2
層塔型で、外観と内部が一致する丸亀城天守

単純な構造の層塔型天守では外観の重と内部の階が一致する例が多い。丸亀城天守もこうした重階一致の典型例

Point.1
復古調で造営された高知城天守では重階が不一致

江戸中期に再建された天守であるにも関わらず、望楼型の天守として屋根裏に階を設けたため四重六階の天守となった

Point.3
望楼型ではあるが重と階が一致する彦根城天守

古式の望楼型でも屋根裏に階を設けず、重と階が一致する天守もある。彦根城天守はその典型例である

探訪 Check

- ☐ 犬山城（愛知県）三重四階地下二階天守
- ☐ 高知城（高知県）四重六階天守
- ☐ 丸亀城（香川県）三重三階天守
- ☐ 彦根城（滋賀県）三重三階天守

鑑賞のコツ

穴蔵…地面に竪穴を造り、物を収容できるようにした地下倉庫のこと。城郭の場合は、天守の地下に造られた。現存するのは、犬山城、姫路城などがある

犬山城…織田信長の叔父である織田信康によって天文6年（1537）に築城。江戸時代に入り、成瀬正成が城主となり幕末まで続く

コツ No.15

付属する建物によって変化する天守形式の見分け方

時代の変化とともにより強力となった天守

安土城で天主が造営されると、それ以後の城郭で天守は不可欠の施設となります。こうした天守の構造を見ると、大入母屋の上に物見を載せる望楼型と、後期の基部に入母屋造の大屋根を持たない層塔型がありま す。さらに平面構造による分類も可能です。天守創設時期には天守だけが単独で造営される①独立式。天守正面に付櫓や小天守を付ける②複合式。大天守と小天守を渡櫓によって結ぶ③連結式。さらに数基からなる小天守と大天守とを渡櫓によって取り囲む④連立式。という4つに分類されます。

独立式 ▶▶ 丸岡城、宇和島城、高知城、大坂城など

丸岡城は本丸に天守台のみを単独で構えた独立式天守

Point.1
丸岡城天守は独立式天守の典型例

天守の創設段階は、天守だけが単独で構えられる独立式が主流でした。そのため初期天守は、天守へ直接出入りできる引戸などが備えられているのが特徴です。丸岡城天守はその典型といえるでしょう。なお、独立式が最古例ですが、江戸時代に入ってもこの独立式で築かれた天守も数多く認められます。

例えば宇和島城天守。この天守は直接天守に出入りするのではなく、玄関が設けられています。しかし天守台は独立して構えられているため、独立式に分類できます。

城郭マニア度
5
4
3
2
1

天守に直接出入りができないように付櫓が構えられた。犬山城天守（上）では横矢がかかるように端部に構えられ、松江城天守（右）では付櫓にも石落が構えられている

Point.2

天守に付櫓が構えられた犬山城天守と松江城天守

独立式天守が進化し、天守の正面に付櫓や小天守が備えられ、これらを経由して天守に出入りするものを複合式と呼び、最も多く築かれました。

複合式の例として、付櫓という一重の櫓を天守正面に備えた松江城天守。天守の端部に付櫓を備え、横矢を効かせたものとして彦根城天守や犬山城天守。小天守を備えたものには福山城の天守があります。しかし、小天守を備えた複合式は現存天守には残されていません。また江戸城、大坂城の天守台は平面がT字状を呈しており、明らかに小天守台として設けられたものでしたが、実際には小天守は造営されず、天守自体は独立式天守でした。

名古屋城の小天守は二重ではあるが、その平面構造は巨大なもので、大天守とは渡櫓ではなく、土塀によってつながれていた。左の写真は空襲で焼失する以前のもので、上は復元された現状の天守

Point.3

大天守と小天守が土塀で結ばれる名古屋城天守

複合式がさらに進化したものとして小天守が大天守と分離して天守台を持ち、その間を渡櫓で結んだ構造のものを連結式と呼びます。巨大な城郭に構えられる構造であり、事例はそう多くはありません。その典型例が名古屋城の天守です。名古屋城では二重ながら桁行13間、梁間9間という他城の天守を凌ぐ巨大な小天守が備えられていました。大天守との間には渡櫓台によって結ばれていますが、実際には土塀によって挟まれた橋台となっていました。そのほかでは、松本城天守は三重の小天守を1基、広島城天守は2基備え、それぞれを渡櫓によって連結。なかでも広島城天守は最大の連結式天守でした。

姫路城（上）は3基もの小天守を備える連立式天守で、構成美の極致といえる。伊予松山城（右）は幕末に再建された日本最後の天守。その構造は三重天守ではあったが、小天守を備えた連立式天守であった

Point.4

天守建築の頂点を極める姫路城天守群と中庭より望んだ伊予松山城大天守

連結式がさらに進化したものが、究極の天守構造となる連立式天守です。大天守と3基の小天守（あるいは櫓）を渡櫓で結んで連立させる構造で、渡櫓によって囲い込まれた中庭部が形成されます。その典型例が、3基の三重の小天守が二重の渡櫓で結ばれている姫路城天守群です。中庭部には台所を設けており、連立天守が城郭にとって最後の要であることを物語っています。伊予松山城では本丸の中央に本壇と称する連立式天守を構え、二重の小天守と隅櫓を三方に配して渡櫓で結んでいました。この連立式がさらに発展すると本丸全体を渡櫓で囲うものとなり、和歌山城では天守曲輪と呼ばれています。

様々な理由によって天守台しか築かれなかった城郭がある

本丸の中央部に築かれた赤穂城の天守台

天守を載せる基壇

天守という高層建築を積載するための基壇となる部分を天守台と呼びます。これは重量のある天守を載せるために石垣によって構築されています。創設期の天守台は石垣を積む技術もまだ稚拙で、その平面は方形とはならず、いびつなものが多く、これが望楼型天守を生んだ原因のひとつです。しかし近世城郭のなかには天守台の石垣は築かれているのに、肝心の天守が築かれなかった例が存在します。これは大名が天守造営を幕府に遠慮して築かなかった、経済的理由により築けなかったなどといわれていますが、そのような理由ならば天守台も築く必要がないはずです。

天守台のみで格式を表す

しかし天守台は縄張り上欠くことのできない施設でした。戦になればこの土台の上に楯を並べたり、井楼（せいろう）組の櫓を構えて用いることを想定していたようです。こうした軍事的な性格を持つ天守台は、曲輪の隅や塁線上に位置しています。また赤穂城は本丸の中央に位置しています。これは、天守に準じた天守台のみで大名の格式を表したのでしょう。

5
4
3
2
1

Point.2
巨大な穴蔵を持つ福岡城の天守台

福岡城では本丸の隅部に巨大な天守台が配置されている。地下室となる穴蔵を有し、礎石も配置されているが、天守の存在した記録はない

Point.1
本丸の石垣塁線の隅部に構えられた天守台

篠山城の天守台は城中で最も高く、さらに奥まった場所に構えられている。この天守台の南東隅部には単層の櫓が配置されていた

Point.3
天守焼失後に再建された天守台

江戸城の天守台は明暦の大火（1657年）後に再建されたものである。天守台のみを再建したものであるが巨石を用いた巨大なもので、見る者を圧倒する

探訪 Check

- □ 赤穂城（兵庫県）天守台
- □ 篠山城（兵庫県）天守台
- □ 福岡城（福岡県）天守台
- □ 江戸城（東京都）天守台
- □ 唐津城（佐賀県）天守台

鑑賞のコツ

礎石…建物の土台となり、柱などを支える石のこと。近代以前の建物において通常使われるものであり、歴史を知る上でも貴重な資料になる

明暦の大火…明暦３年（1657）に起こった、江戸の大半を焼失させた大火災で、振袖火事とも呼ばれる。日本最大の火災とも呼ばれ、死者数は3万〜10万人ともいわれている

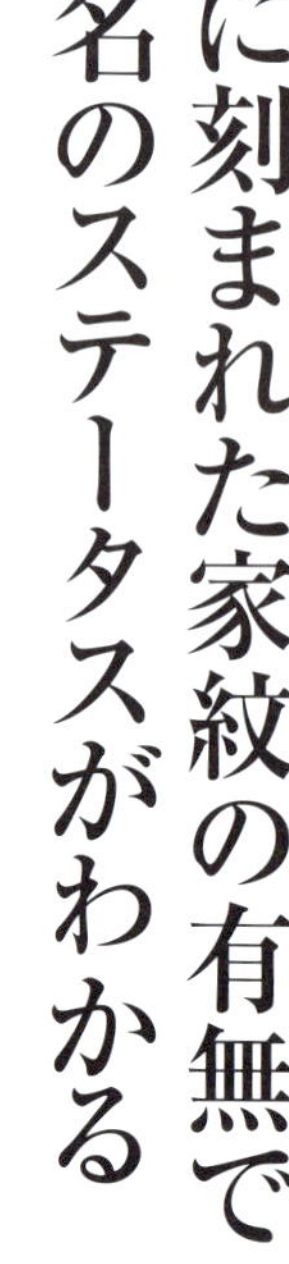

瓦に刻まれた家紋の有無で大名のステータスがわかる

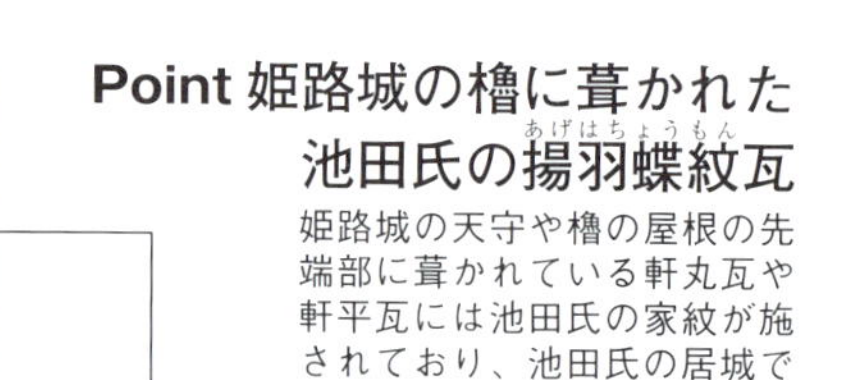

Point 姫路城の櫓に葺かれた池田氏の揚羽蝶紋瓦

姫路城の天守や櫓の屋根の先端部に葺かれている軒丸瓦や軒平瓦には池田氏の家紋が施されており、池田氏の居城であることを誇示している

家紋瓦で権力を誇示

天守や櫓を鑑賞する際、瓦に注目してください。そこには様々な家紋の施された瓦が葺かれています。織田信長の安土城では桐紋瓦が出土しており、瓦の導入と同時に家紋瓦も導入されたようです。秀吉の大坂城では金箔の施された桐紋瓦や菊紋瓦が用いられています。この桐紋、菊紋は信長や秀吉の家紋ではなく、武家の最高権威としての象徴的な紋でしたが、その後大名たちは自らの家紋瓦を居城に葺き、権力を誇示しました。なかでも姫路城は数多くの家紋瓦が用いられています。

探訪 Check

- □ 姫路城（兵庫県）揚羽蝶紋、源氏車紋
- □ 熊本城（熊本県）桔梗紋、九曜星紋

鑑賞のコツ 予備知識

菊紋…菊の花をかたどった家紋の総称のこと。天皇家や皇族、公家、武士、武家の家紋など様々な種類がある。菊花紋、菊花紋章ともいう

桐紋…菊紋に次ぐ格式の高い紋。将軍が用いたほか、小判などにも刻印された

5 4 3 2 1

コツ No.18

絶対的な権威の象徴として葺かれた金箔瓦

岡山城天守に輝く金箔瓦

豊臣秀吉の有力大名となった宇喜多秀家の居城である岡山城では金箔瓦を葺くことが許された。復元ではあるが金箔瓦に往時をしのぶことができる

5 4 3 2 1

権威を見せつける演出

安土城の特徴のひとつだったものに金箔瓦があります。それまでの城郭には瓦すら葺かれなかったものが安土城では瓦葺きとなり、さらに軒先瓦(のきさきがわら)や飾り瓦などには金箔が押されていました。これは絶対的権威を見せつけるために導入されたのです。信長時代には安土城と息子の城にのみ。秀吉時代には一門と有力家臣、さらには徳川家康領に接する諸城と、名護屋城への道程にのみ葺くことが許された、いわば規制された瓦でした。徳川時代には規制が緩和されましたが、次第に使用されなくなりました。

探訪 Check

- □ 安土城（滋賀県）滋賀県立安土城考古博物館で展示
- □ 大坂城（大阪府）大坂城天守閣で展示

鑑賞のコツ 予備知識（城郭辞典）

宇喜多秀家（1572～1655年）…安土桃山時代の戦国武将。豊臣秀吉の寵愛を受け、五大老にも任じられている

岡山城…宇喜多秀家によって慶長2年（1597）に完成。黒い下見板張りの外観から「烏城」とも呼ばれる

コツ No.19

石瓦・施釉瓦・鉛瓦は凍結防止のために葺かれた瓦である

Point
丸岡城天守に葺かれた石瓦

越前の笏谷石（越前石）を一枚ずつ加工した石瓦が葺かれている。軒先の丸瓦にはきちんと巴紋を印刻している。もちろん鯱（しゃちほこ）も石製である

地域の特性を活用する

安土城以後の城郭では天守や櫓など瓦葺き建物が必ず建てられるようになります。ところが当時の燻瓦は寒冷地では凍結して割れてしまいます。そのため寒冷地の城郭では様々な凍結防止策がとられました。北陸では福井県で産出する笏谷石（越前石）で石製の瓦が葺かれます。また木型に銅板や鉛板を貼り、本瓦の形に見せる銅瓦葺きや、鉛瓦葺きもありました。さらに山陰などでは釉薬を施した施釉瓦も導入されています。このように凍結防止は一様ではなく、地域の特性を活かしたものだったのです。

5
4
3
2
1

鑑賞のコツ 予備知識

燻瓦…松葉などを燻焼し、発生する炭素を表面に固着させる黒または銀鼠色の瓦のこと

笏谷石（越前石）…福井県で採取される凝灰岩（ぎょうかいがん）の一種。その色味から「越前石」ともいわれている

探訪 Check

- □ 福井城（福井県）石瓦
- □ 金沢城（石川県）鉛瓦

コツ No.20

大棟(おおむね)を飾った鯱瓦は想像上の動物 火災から城郭を守るために造られた

城郭マニア度 5 4 3 2 1

Point
駿府城で用いられていた木芯銅板張の鯱

木芯の表面に銅の板を張り付けて製作されたもの。木芯に木の棒を通し、大棟下の棟木に差し込んで固定されている

火除けの霊験「鯱」

「鯱」は想像の動物で、一字で「シャチホコ」と読みます。その姿は頭部が虎、体部が魚で火除けの霊験があり、城を火災から守る目的で大棟に載せられました。その起源については安土城から出土しているので、天守の創設とともに鯱も導入されたようです。天守はもちろん櫓や城門の棟にも一対の鯱が載せられています。また鯱の大半は瓦製で、信長、秀吉時代には金箔を押したものもありました。江戸時代中期以降には青銅製や木芯銅板張の鯱も増加します。あの有名な名古屋城の金鯱は、木芯に金の板を張り付けたものです。

鑑賞のコツ 予備知識 城郭辞典

鯱…大棟の両端に一対設けられる屋根装飾材。想像上の動物で、海に住むことから防火の効果があると伝えられる

駿府城…静岡県静岡市にあった城郭。徳川家康が大御所になってから隠居した城として知られる

探訪 Check

- □ 名古屋城（愛知県）金鯱
- □ 松江城（島根県）木芯銅板張鯱

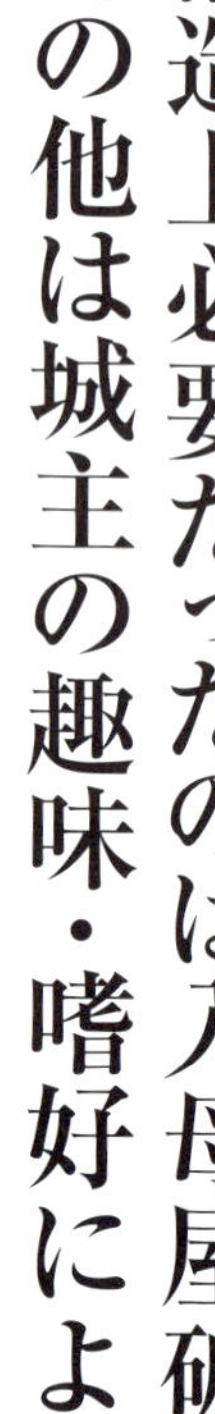

構造上必要だったのは入母屋破風のみ その他は城主の趣味・嗜好による

城郭マニア度
5
4
3
2
1

様々な破風を用いて意匠に富む姫路城大天守

一重目に切妻破風、二重目に千鳥破風、三重目に唐破風を用いた彦根城の天守

必須の破風は入母屋破風

破風とは屋根の端部に設けるもので、その形状より入母屋破風、千鳥破風、唐破風、切妻破風に分けられます。このうち建築構造上、勾配屋根を構えるのに必要なのが入母屋破風で、その他の破風はすべて装飾として用いられるものです。三角形の千鳥破風は一見すると入母屋破風に似ていますが、入母屋破風が屋根隅棟に接合しているのに対して、千鳥破風は隅棟とは離れた位置で収められています。また装飾のための破風でしたが、天守を象徴する破風としても多用されました。

装飾性の高い唐破風

唐破風は中央部が弓形になり、左右なだらかに流れる曲線を持った破風です。軒先に設けられる軒唐破風と、唐破風のみを独立して設けた唐破風造があります。この唐破風は最高級の意匠であり、特に天守の最上重の屋根に多く用いられました。最後に切妻破風は切妻屋根に設けられる破風ですが、天守ではほとんど用いられていません。また、層塔型では破風をまったく設けない天守も出現しています。

Point.1
天守最上重中央に設けられた唐破風

破風のなかでも最も品位のあるものとして天守最上重の屋根に用いられることが多い。彦根城ではこの唐破風に金具によって家紋などを打ち付けている

Point.2
彦根城天守の二重屋根に設けられた象徴的な千鳥破風

天守建築の象徴ともいえるのが千鳥破風で、建築構造上の制約がなく装飾用として数多くの天守に用いられた

Point.3
天守建築では珍しい彦根城天守の切妻破風

切妻造の軒に用いられるため、天守建築ではほとんど使われていない。出窓に用いられることはあるが、天守建築自体に用いられているのは彦根城天守だけである

●探●訪●
Check

- □ 姫路城（兵庫県）入母屋・千鳥・軒唐破風
- □ 彦根城（滋賀県）切妻・入母屋・千鳥・軒唐破風
- □ 松本城（長野県）千鳥・唐破風造
- □ 宇和島城（愛媛県）千鳥・唐破風造・軒唐破風

鑑賞のコツ

屋根の形…城の屋根をその形で見ると「入母屋造」「切妻造」「寄棟造」に分けられる。このうち寄棟造はすべての面に屋根が存在するので破風はない

破風…入母屋造や切妻造の屋根の端部に設ける三角形の部分

隅棟…入母屋造や寄棟造の屋根で、屋根面が接する所の隅で斜めに降りている棟

「破風」を見る

破風の屋根裏を利用することで軒先の死角をカバーする

Point
伊予松山城の破風の間

部屋と呼ぶにはあまりにも小さい。しかし、ここに鉄砲狭間を切ることによって軒先まで出て射撃することが可能になった

破風内を使った隠し部屋

入母屋破風や千鳥破風には、通常内側に「破風の間」と呼ばれる小部屋が設けられています。破風に合わせた天井の低い三角形の屋根裏部屋ですが、破風内側の有効利用といえます。破風の間を設けることで、破風に鉄砲狭間や格子窓を切ることができ、これによって軒先近くまで出て鉄砲を撃つことが可能となり、軒先の死角をなくすことができました。元和年間（1615）以降に造営された宇和島城天守や丸亀城天守の破風は完全な装飾となり、破風の間も設けられなくなりました。

5
4
3
2
1

●探●訪●
Check

- □ 伊予松山城（愛媛県）破風の間
- □ 松本城（長野県）破風の間

鑑賞のコツ

伊予松山城…加藤嘉明が1602年に現在の愛媛県松山市に築城。別名「金亀城」とも呼ぶ。天守、櫓などが現存し、重要文化財にも指定される

備中松山城…岡山県高梁市にある山城。現存天守の中で唯一の山城

コツ No.23

天守や櫓に見る格子窓は、土戸の位置によって外格子・内格子に分かれる

Point 土戸が閉められた名古屋城西北隅櫓

名古屋城西北隅櫓に用いられた土戸は内格子となっており、閉めると格子窓の格子が見えず、土戸だけが見える

防火に適した格子窓

天守や櫓の窓には竪格子をはめた格子窓が多く用いられています。格子窓は鉄砲や弓の狭間として用いることができるとともに、敵の侵入を防ぐこともできます。格子には木のものと、漆喰を塗ったものの2種類があります。また防火上、板戸に漆喰を塗った土戸が用いられています。土戸は格子の内側と、外側に設けられるものがありました。外格子の場合、土戸を閉めると格子が見えますが、内格子の場合は閉めると外からは格子が見えず、土戸のみ見えるのが見分けるコツです。

城マニア度郭

5
4
3
2
1

●探●訪●
Check

☐ 名古屋城（愛知県）西北櫓の内格子

☐ 宇和島城（愛媛県）天守の外格子

鑑賞のコツ
予備知識

格子窓…格子が付いた窓のこと

名古屋城…徳川家康が天下統一の最後の布石として、1609年に築城。大坂城、熊本城とともに、日本三大名城と称される。戦中の空襲により天守・御殿を焼失し、天守は戦後に復元されている

現存天守でも見ることができる華頭窓（かとうまど）は装飾性が高く、権威の象徴にもなっていた

彦根城天守では2階と最上階に華頭窓が用いられた

格式のある華頭窓

華頭窓とは釣鐘状の形をした尖頭形（せんとうがた）の窓で、花頭窓とも書きます。本来は寺院、特に禅宗寺院の仏殿に用いられ、足利義満の金閣寺や、義政の銀閣寺の最上階にも用いられている窓です。城郭でも特に天守などに用いられる極めて格式の高い窓でした。城郭建築は本来、防御施設として造られたもので、格子窓のような実用性の高い窓を用いるのが普通。このことから、華頭窓は権威の象徴としての装飾性の高いものであったことがわかります。

見せ掛けの華頭窓

天守の華頭窓は、岡山城や広島城天守のように最上階にのみ用いる場合が大半です。しかし、例外的に彦根城天守や高島城天守では最上階とその下階の二階に用いられています。また松江城天守や大洲城天守では中間階に用いられています。望楼型天守の典型例である犬山城天守では、高欄の巡る最上階の正面の両脇に華頭窓が用いられています。ところが、これは窓枠を壁面に張り付けた見せ掛けだけのもので、後側は壁面となり、窓としては機能していません。

Point.1
犬山城天守最上階の華頭窓

犬山城天守は、最上階では妻側の中央間に開口部を設け、その両脇を華頭窓とするが、壁に窓枠を張り付けただけの華頭窓であった

Point.2
姫路城小天守最上階の華頭窓

姫路城では大天守ではなく、小天守の最上階に華頭窓が用いられているほか、菱の門にも華頭窓が用いられている

●探●訪● Check

- □ 彦根城（滋賀県）天守・2階、最上階
- □ 松江城（島根県）天守・3階
- □ 姫路城（兵庫県）天守・小天守最上階
- □ 松本城（長野県）小天守・最上階
- □ 犬山城（愛知県）天守・最上階

鑑賞のコツ 予備知識

高島城…長野県諏訪市にある城郭。別名「浮城」と呼ばれる。豊臣秀吉の武将・日根野織部高吉により築城され、諏訪氏の居城としてその威容と要害堅固を誇っていた

金閣寺・銀閣寺…金閣寺（鹿苑寺）は1397年に足利義光が創建し、銀閣寺（慈照寺）は約100年後の1490年に足利義政が創建。どちらも臨済宗

巨大な櫓に多用された出窓はあらゆる角度からの攻撃を可能にした

唐破風造の出格子窓を張り出させた備中松山城天守

備中松山城天守は天守建築では珍しく出窓を設けている。その出窓は実用というよりもむしろ天守建築の装飾としての意匠性が高い

石落（いしおとし）や横矢などに使われた出窓

壁面より突出して設けられた出窓は床面が石落となり、両側面からは横矢がかかるようになっています。また、「コツ40」で述べる石落は、下方への射撃ができる狭間として用いられていました。いずれにせよ窓を突出させるだけで全方位への攻撃が可能になったのです。しかし天守に用いられる例はほとんどなく、弘前城のように天守代用の三階櫓や二重櫓など、巨大な櫓に多用されています。その他の用途として、入母屋に設けられた出窓は屋根裏階への採光用でもあったようです。

5
4
3
2
1

鑑賞のコツ 予備知識 城郭辞典

弘前城…青森県弘前市にある城郭。江戸時代は津軽氏4万5000石（後に10万石）の居城として栄えていた。また天守をはじめ、櫓、櫓門などが現存する。現在は、弘前公園として多くの観光客に親しまれている

●探●訪● Check

- □ 弘前城天守（青森県）切妻造出窓
- □ 備中松山城天守（岡山県）唐破風造出窓

コツ No.26

窓の配置は柱との位置関係によって大きく変わる

福山城の伏見櫓は伏見城から移築された、望楼型の巨大な櫓である。柱を見せる真壁造となっているため、柱と窓の配置関係がよくわかる

5 4 3 2 1

柱で変わる窓のサイズ

窓の大きさは、一間窓と半間窓に分けられます。一間窓は建物の柱と柱の間に設けられる窓。それに対し、半間窓は窓の一方を柱に接して設けられるもので、柱を挟んで両側にある場合は、一間窓のように見えるものもあります。一間以上の窓を設ける場合は柱を抜くことはできないので、一間窓を連続して設けることにより長い窓としています。天守はそのシンボル性より、左右対称の構造となる場合が多く、その際は半間窓をうまく組み合わせながら窓の配置に工夫を凝らしています。

鑑賞のコツ

一間…建物の柱と柱の間のこと（柱間）。そのため1間が6尺、6尺3寸、6尺4寸、6尺5寸、7尺など様々。ちなみに近畿地方で主に用いられた柱間の基準寸法（京間）は、6尺5寸

探訪 Check

- □ 福山城（広島県）伏見櫓
- □ 名古屋城天守（愛知県）左右非対称の窓

「櫓」を見る

櫓は城郭の基本になる防御施設 重要な場所には天守規模の櫓も造られた

5
4
3
2
1

名古屋城本丸辰巳櫓（たつみやぐら）は二重三階の巨大な隅櫓

出隅（ですみ）部に構えられた隅櫓

元来、矢蔵、矢倉と称され、射撃台として利用されていた櫓。『太平記』にも登場し、城郭の防御施設として、城郭の誕生とともに構えられていました。近世城郭でも城門とならび、城郭建築の基本になります。石垣や土塁の塁線上、特に出隅部分や城門の脇などに構えられていました。出隅部に構えられた櫓は隅櫓と称され、軍事的に重要な部分に構えられた隅櫓は天守に匹敵するような巨大なものも造られます。例えば、熊本城の宇土（うと）櫓は三之天守と称される三重櫓でした。

隅櫓の基本は二重櫓

櫓は構造上、天守と同じく望楼型と層塔型があります。望楼型は極めて少数で、その大半は層塔型です。また、屋根の重数によって三重櫓、二重櫓、平櫓（一重櫓）に分けられます。とりわけ二重櫓が最も多く築かれ、近世城郭の隅櫓の基本形となります。例えば広島城は三重櫓が築かれず、二重櫓が35基も設けられています。平櫓は遠望が効かないため、天守や重層櫓に附属する付櫓として用いられました。

Point.1
典型的な二重櫓 大坂城千貫櫓

大手門に対して横矢の効く位置に配された櫓。総塗込漆喰壁で中央に出窓を設ける構造は幕府城郭の櫓の典型例である

Point.2
熊本城宇土櫓は日本最大の櫓

三之天守と称される宇土櫓は望楼型の三重櫓で、構造、形状ともに天守に匹敵する大櫓であった
（平成28年の熊本地震により熊本城は被害を受ける。写真はそれ以前のもの）

Point.3
隅櫓としては珍しい伊予松山城の平櫓

隅櫓に平櫓が用いられることはほとんどなかった。伊予松山城の天守曲輪では、門脇の隅櫓に平櫓が多用されている珍しい事例である

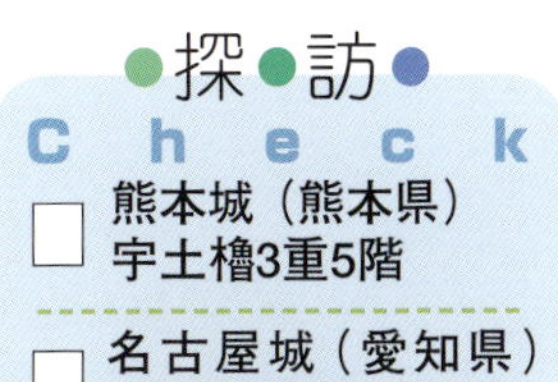

●探●訪●
Check

- □ 熊本城（熊本県）宇土櫓3重5階
- □ 名古屋城（愛知県）本丸未申櫓2重3階
- □ 大坂城（大阪府）千貫櫓2重2階
- □ 二条城（京都府）西南隅櫓2重2階二の丸
- □ 伊予松山城（愛媛県）本丸二の門南櫓1重1階

鑑賞のコツ

隅櫓…石垣上や土塁上の角、横矢掛りの屈折部など、曲輪の隅の塁線上に築かれる櫓のこと

宇土櫓…熊本城本丸の西北隅にある櫓。20mの高石垣の上に建つ3重5階地下1階、地上約19mの櫓で天守並みの規模を誇る

平櫓…一重の屋根をもつ櫓のこと

石垣や土塁の塁線上に多門櫓を築くことで、城の防御力は格段に増す

5
4
3
2
1

彦根城の天秤櫓は、両端を二重櫓とした多門櫓

長大な平櫓を多門櫓と呼ぶ

一重の長大な櫓を多門櫓または多門長屋、走櫓などと呼んでいます。平櫓は概して桁行三間ぐらいの規模ですが、原則それ以上のものを多門櫓としています。ただし特別な規定があるわけではなく、例えば熊本城平櫓は七間半もの規模で平櫓と呼ばれています。多門櫓の名は戦国時代に松永久秀が、大和多聞城で初めて築いたことに由来すると伝えられています。

格段の防御力を発揮する

多門櫓の大半は石垣や土塁の塁線上に築かれています。土塀ではなく、多門を採用することにより塁線の遮断線としての石垣の防御力は格段に増強されることになります。まず全天候型での鉄砲の射撃が可能となり、さらに土塀に比べて壁面が高くなるので敵の侵入を阻みます。巨大な城郭は本丸の塁線をすべて多門櫓によって囲い、鉄壁の構えを施していました。多門櫓を二重とする城郭もあります。

大坂城など幕府系の城郭では多門櫓は幅三間で、外側一間を武者走りとし、内側二間を兵糧、武器の貯蔵庫にあてていました。

Point.1
両端を二重櫓とする福岡城南丸多門櫓

福岡城南丸多門櫓は総延長四十間の長大なもので、両端部に二重櫓を配する厳重な多門櫓であった

Point.2
本丸を囲う高知城の多門櫓

高知城の本丸は六間半の西多門櫓と、八間の東多門櫓を両側に配し、それぞれを土塀によってつないでいた

Point.3
金沢城三十間長屋は二重多門櫓の現存例

多門櫓は通常一重一階であるが、金沢城では多くの多門櫓が二重二階であった。三十間長屋はその唯一の現存例である

●探●訪●
Check

- □ 彦根城（滋賀県）天秤櫓
- □ 福岡城（福岡県）南丸多門櫓
- □ 高知城（高知県）本丸西多門櫓、東多門櫓
- □ 金沢城（石川県）二の丸三十間長屋
- □ 姫路城（兵庫県）西の丸多門櫓

鑑賞のコツ 予備知識

松永久秀（1510～1577年）…大和の戦国大名。第13代将軍・足利義輝殺害、東大寺大仏殿焼失など下克上を体現した典型的な武将といえる。彼が現在の奈良市に築いた城が「大和多聞城」

武者走り…土塁や石垣上の塀より内側の平地の部分のこと。天守や櫓などでは、部屋を囲む回り廊下のことを指す

コツ No.29

方位、用途、収納品……櫓の名称を覚え利用法を理解する

Point 大洲城高欄櫓
天守と結合していた櫓
櫓としては珍しく二
こ廻縁と高欄を巡らせ
いたためにこの名が付
られた。小天守的性格
もつ櫓である

様々な名称が付けられた櫓

櫓の名称で最も多いものは配置された方位によるものです。十二支を用いて、東北隅に艮（丑寅）櫓、東南隅に巽（辰巳）櫓、西南隅に坤（未申）櫓、西北隅に乾（戌亥）櫓と名付けられた櫓は全国的にみられます。

用途によるものでは太鼓櫓、月見櫓などがあります。そのほか干飯櫓、塩櫓など食糧にちなむもの、煙硝櫓、鉄砲櫓など武器にちなむものなど収納品から名付けられたものも多いですが、実際には貯蔵されていません。

また、名称や用途による形状の変化はほとんどありません。

5
4
3
2
1

鑑賞のコツ 予備知識 城郭辞典

太鼓櫓…時を知らせたり、戦の合図を打ち鳴らすための太鼓が置かれた櫓。戦いの合図をするため見晴らしのよい場所に建てられた

月見櫓…月見をするための櫓で、開放的な構造になっている

探訪 Check

- □ 岡山城（岡山県）月見櫓
- □ 姫路城（兵庫県）太鼓櫓

コツ No.30

三重櫓を天守の代用櫓として利用したのは幕府に遠慮して天守を建てなかったため

城マニア度郭

5
4
3
2
1

新発田城には明治まで御三階櫓がそびえていた。平成16年に木造によって復元された。三重目の屋根がT字状になる大変珍しい構造の御三階であった

実質的天守の御三階櫓

三重櫓は櫓のなかでも最大級のもので、大城郭以外でほとんど存在しません。しかし、三重櫓を天守と見立て御三階櫓、三階櫓などと称して特別な櫓としている城郭があります。ひとつは関東周辺に配置された譜代大名の居城です。川越城、高崎城、古河城などで、幕府に遠慮して天守を建てなかったため、天守代用の櫓を御三階と称しました。また、外様大名の居城では創建当初の天守が焼失したのちに三重櫓を天守の代用としています。実は弘前城や丸亀城は天守ではなく、三階櫓と呼ばれていたのです。

探訪 Check

- □ 新発田城（新潟県）御三階櫓（復元）
- □ 鳥取城（鳥取県）御三階櫓（現存せず）

鑑賞のコツ

川越城…埼玉県川越市にある城跡。本丸御殿は重要文化財

丸亀城…香川県丸亀市にある城郭。一二三段の石垣をもち、現存天守をもつ城郭のひとつ

米蔵、塩蔵、御金蔵など主流は耐久性に優れた土蔵形式

御金蔵としては唯一現存する大坂城御金蔵

ほとんど残されていない蔵

城郭には防御を目的とした城郭建造物と、居住施設としての御殿と、さらにそれらに付属する建物がありました。その代表的なものが蔵です。しかし、明治の廃城で徹底的に破却されてしまい、現存する蔵はほとんどありません。

蔵としては兵糧米を貯蔵する米蔵が最も多く設けられました。その構造は切妻造や入母屋造の細長い漆喰壁の土蔵で、内部を仕切って小部屋を設け、外壁にはそれぞれの部屋ごとに扉が設けられていました。

厳重に造られた御金蔵

米以外の食糧を収める蔵としては、塩蔵や味噌蔵などが設けられていましたが現存する例はありません。武器庫としては鉄砲や具足などを収納していましたが、その構造は米蔵と同じ土蔵造でした。さらに藩の文書を収める文庫や、金を保管する御金蔵などの蔵も設けられていました。文庫については現存するものはなく、御金蔵は大坂城のものが唯一の現存例です。その構造は扉を三重とし、窓や換気孔には鉄格子が嵌められるといった厳重なものでした。

5
4
3
2
1

Point.1 二条城二の丸に残る米蔵

二条城の米蔵は外壁が漆喰塗籠壁（しっくいぬりごめかべ）で、内部は板敷、板貼の壁となり、２ヶ所に庇付きの扉を設けている。南側の米蔵が18間に3間、北側の米蔵が17間に3間の規模となる

Point.2 宇和島城に残る武器庫

現在藤兵衛丸（とうべえまる）にある郷土資料館は、元城内の調練場にあった武器庫で、伊達宗城が城主のときに建てられたものである

探訪 Check

- □ 大坂城（大阪府）御金蔵
- □ 二条城（京都府）米蔵
- □ 宇和島城（愛媛県）武器庫
- □ 上野城（三重県）武器庫（非公開）
- □ 高知城（高知県）本丸納戸蔵

鑑賞のコツ 予備知識

宇和島城…愛媛県宇和島市にあった城郭。築城の名手・藤堂高虎によって築かれた平山城。城の総郭は、上空からみると不等辺5角形になっており、随所に高虎ならではの工夫が見て取れる。高虎が転封になり、伊達政宗の長子・秀宗が入城。2代目宗利の時に天守以下城郭の大修理を行い、現在見られる天守などの建築物は、その時のもの

コツ No.32

床・壁・天井がすべて切石で造られた石蔵形式は、焔硝蔵(えんしょうぐら)として利用されていた

Point
耐火建築として築かれた
大坂城の焔硝蔵

大坂城の焔硝蔵は落雷や類焼などから焔硝を守るため、総石造として築かれた全国唯一のものである

落雷、類焼を守る石蔵

武器、弾薬を貯蔵する蔵のなかでも火薬、つまり焔硝を貯蔵する蔵については、落雷や類焼から守るために穴蔵が用いられています。大坂城では一度焔硝蔵が大爆発を起こしたため、貞享2年（1685）に頑丈な蔵が再建されました。それが石蔵です。壁面には内外面に切石を積んで目地に漆喰を塗り、床と天井も石造としています。屋根だけは瓦葺きとし、万一爆発しても上に抜けるようにしていました。なお、津山城や名古屋城では半地下式の土塁造の焔硝蔵が設けられていました。

5
4
3
2
1

鑑賞のコツ
予備知識
城郭辞典

津山城…岡山県津山市にあった城郭。別名で鶴山城と呼ばれ、現在は鶴山公園として桜の名所にもなっている

大坂城…豊臣秀吉が築城した安土〜江戸時代の城郭。現在の天守は1931年に完成した復興天守

探訪 Check

- □ 大坂城（大阪府）焔硝蔵
- □ 魚見岳台場(うおみだけだいば)（長崎県）石造弾薬庫

コツ No.33

石垣を巡らせた城門の完成形・枡形門に入れば三方から射撃されることになる

Point 典型的な桝形構造を有した丸亀城の大手門

一の門に高麗門、二の門に櫓門を配置した典型的な桝形虎口となる。桝形正面の石垣には鏡石となる巨石も配されている

門の完成形「枡形門」

城郭にとって出入り口の構築は最も重要でした。そのため戦国時代後半から喰違虎口(くいちがいこぐち)や、馬出など、門に様々な工夫が施されています。その完成形態が枡形虎口です。正面に配置された門を一の門と呼び、高麗門(こうらいもん)または薬医門(やくいもん)が配置されました。この門を入ると、四周に石垣を巡らせた空間となり、これを桝形といいます。桝形に侵入した敵は袋の鼠状態となり、三方より射撃にさらされることとなります。この桝形から城内へ至る門を二の門と呼び、通常巨大な櫓門となっていました。

鑑賞のコツ 予備知識 城郭辞典

喰違虎口…虎口の両脇の土塁が食い違い、真っ直ぐに入ることができないように工夫された虎口のこと

馬出…虎口の外側に土居や石垣を設けた、枡形と同様に虎口防御のための堅固施設のひとつ

探訪 Check

- □ 大坂城(大阪府) 大手桝形
- □ 江戸城(東京都) 田安門桝形

城郭だけに使用された櫓門は敵の進入を防ぐためあらゆる工夫が施されていた

二条城の東大手門に用いられている櫓門

門の上に櫓を載せた「櫓門」

城門には櫓門、高麗門、薬医門、埋門（うずみもん）などありますが、最も多用されたのが櫓門と高麗門です。とりわけ城郭にのみ用いられたのが櫓門。2階建ての門で、階下を門とし、階上を櫓としたものです。階下の通路部を見下ろすように連続して格子窓を設け、さらには石落を設けるなど、敵に突破されない工夫が施されていました。櫓部分は漆喰の総塗込と下見板張があります。しかし、柱や長押を塗り込めず、白木のままとする例も多くあります。

城門に多く用いられた「高麗門」

同じく城門に多く用いられたのが高麗門です。この門は文禄・慶長の役により伝来したと伝えられています。しかし、実際には日本で考案されたものです。薬医門の発達形態で、控柱にも切妻屋根を設け、開門時には門扉が控柱の屋根に収まるよう工夫されています。桝形の一の門の多くがこの高麗門で、このほか薬医門や埋門などが城門として用いられています。また城門独自の特徴としては、門扉や柱に鉄板が張り付けられています。

5
4
3
2
1

Point.1
柱上に舟肘木（ふなひじき）を置く珍しい小諸城の大手門

小諸城の大手門は現存する日本最古級の櫓門であり、柱を白木のままとし、さらに舟肘木を置く数少ない現存例である

Point.2
大坂城大手桝形の正面に配された巨大な高麗門

大坂城の大手桝形は日本最大の桝形である。その正面には柱や扉を鉄板で覆った巨大な高麗門が、一の門として構えられている

Point.3
二条城の搦手口（からめてぐち）に配されている埋門

石垣に設けられた門を埋門と呼ぶが、二条城では土壁下の石垣を開口して屋根を設けた構造となる

探訪 Check

- [ ] 二条城東大手門（京都府）櫓門
- [ ] 小諸城大手門（長野県）櫓門
- [ ] 大坂城大手門（大阪府）高麗門
- [ ] 伊予松山城二ノ門（愛媛県）薬医門
- [ ] 二条城搦手口（京都府）埋門

高麗門…二本の本柱で切妻屋根を支え、それぞれの柱の後ろに控柱を建て、小さな屋根を設けた門

薬医門…二本の本柱と控柱を設け、柱と柱の間に棟が位置するように屋根で覆った門

埋門…石垣や土塀中に造られた門のこと

近世城郭で飛躍的に進歩した土塀は曲輪防御の基本施設である

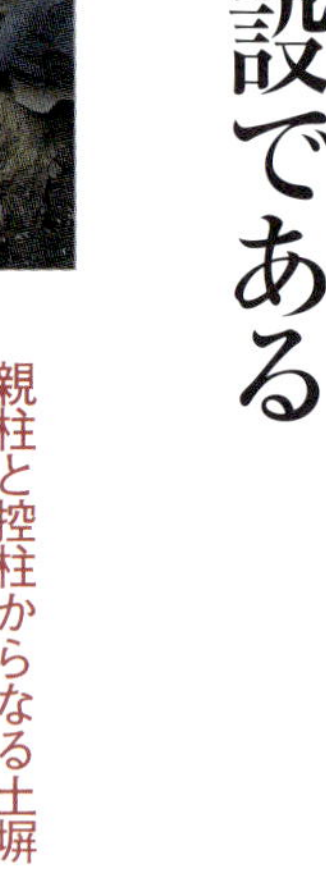

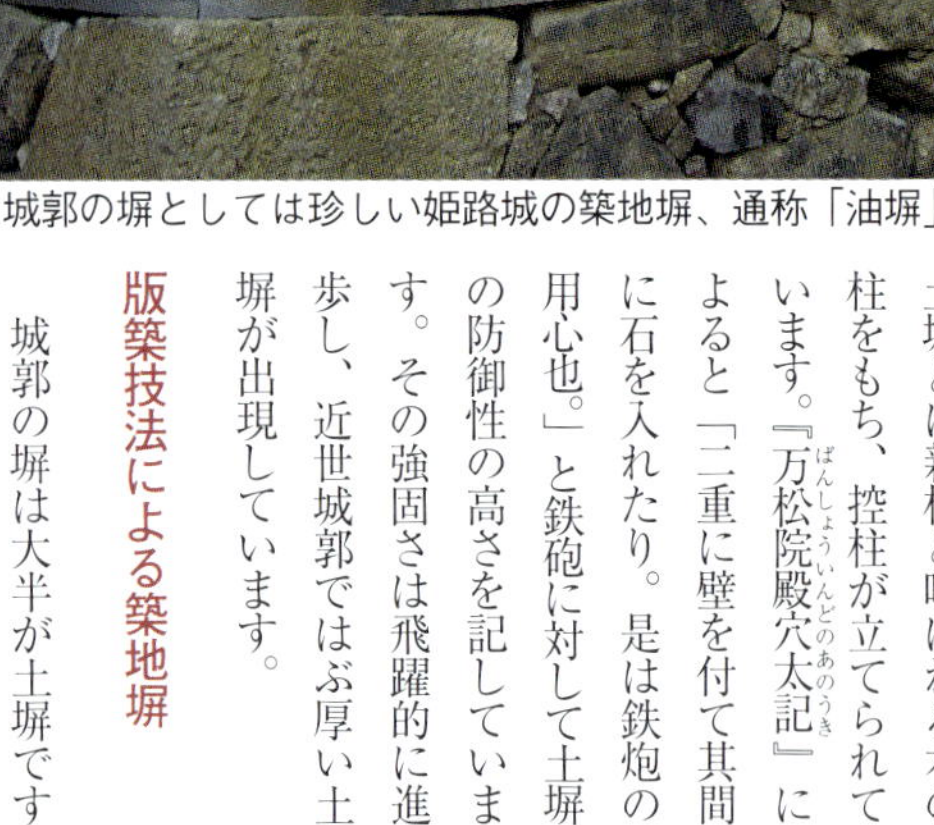
城郭の塀としては珍しい姫路城の築地塀、通称「油塀」

親柱と控柱からなる土塀

石垣や土塁の上部には曲輪防御の最も基本的な施設として土塀が巡らされていました。土塀とは親柱と呼ばれる木の柱をもち、控柱が立てられています。『万松院殿穴太記』によると「二重に壁を付て其間に石を入れたり。是は鉄炮の用心也。」と鉄砲に対して土塀の防御性の高さを記しています。その強固さは飛躍的に進歩し、近世城郭ではぶ厚い土塀が出現しています。

版築技法による築地塀

城郭の塀は大半が土塀ですが、このほかに築地、練塀があります。築地は粘土を突き固める版築技法を用いた塀のことを指します。しかし残念ながら、残存するのは姫路城の油塀のみです。また、練塀とは瓦や砂利と壁土を交互に積み上げて築かれる塀のこと。名古屋城二の丸に残る南蛮練塀が数少ない現存遺構になります。

土塀の外側は腰部分に下見板を張るものと、漆喰の総塗込にする2パターンがあります。下見板張とは土塀の表面に黒い板材を張るもので、風雨から壁を守るものとして用いられました。

5
4
3
2
1

Point.1

外壁を海鼠壁とした金沢城の土塀

金沢城では大半の城郭建物の外壁は腰部分に磚（せん）を張りつける海鼠壁としている。長大な壁にも採用されており、実に美しい

Point.2

外壁を下見板張とした土塀

伊代松山城の土塀は、外壁が下見板張、城内側は総塗込になっている

Point.3

石の控柱を持つ大坂城大手の土塀

大坂城では石狭間の上に木の土台を敷き、土塀を載せているが、控柱には石柱を用いているのが特徴

探訪 Check

- □ 姫路城（兵庫県）油塀
- □ 金沢城（石川県）三ノ丸塀
- □ 伊予松山城（愛媛県）一ノ門東塀
- □ 大坂城（大阪府）大手門南方塀

鑑賞のコツ

万松院殿穴太記…十二代将軍・足利義晴の臨終記。作者は不明

海鼠壁…腰壁部分に磚を張り、その目地部分に漆喰を半円形に盛り上げるように仕上げる工法で造られた壁

金沢城…石川県金沢市にあった城郭。加賀100万石・前田氏の居城として知られる金沢城は海鼠壁、鉛瓦、唐破風付出格子など優美にして風雅な建築が特徴

コツ No.36

屏風のように折り曲げて建てられた土塀は連続して横矢が仕掛けられるようにするため

Point
徳島城の石垣に残る舌石

徳島城では寺島川沿いの石垣上に屏風折塀が構えられていた。その塀を支えている柱を受けていた舌石が残る

5
4
3
2
1

土塀を連続して「く」の字状に折り曲げる

長大な土塀は横矢がかけられないという弱点があります。しかし、石垣の塁線を度々屈曲させることはできません。そこで考案されたのが屏風折塀（びょうぶおれべい）です。土塀を屏風のように三角形に屈曲させることにより、連続して側射することを可能にしました。津山城、篠山城、松本城などで導入されましたが、土台の土塁は一直線なので、塀が失われるとその痕跡は残りません。徳島城では石垣上に屏風折塀が築かれたため、塀の突出部分の柱を受ける舌石と呼ばれる石が用いられ、今も残っています。

鑑賞のコツ 予備知識 城郭辞典

徳島城…徳島県徳島市にあった城郭。天正13年（1585）、豊臣秀吉の四国攻め部隊として出陣した、蜂須賀正勝・家正父子。そのまま阿波一国を与えられるが、新たな支配拠点として築城したのが徳島城である。現在は平成元年に復元された鷲之門などがある

探訪 Check

- [ ] 徳島城（徳島県）寺島川沿いの土塀（現存せず）
- [ ] 篠山城（兵庫県）三の丸土塀（現存せず）

大名庭園「玄宮園」を見る

趣ある庭園でちょっと一息しませんか

城郭を訪れた際、城からそう遠くない場所に美しい庭園を見かけることがよくあると思います。これは各藩の大名が、江戸や地元で造営した庭園。これを大名庭園と呼びます。江戸時代は各大名が競い合うように庭園を築いていきます。その結果、当時の江戸は50%が大名庭園と大名屋敷で占められていたともいわれています。

彦根城の北東にある「玄宮園」は、大池泉回遊式の旧大名庭園です。彦根藩4代藩主井伊直興が、延宝5年（1667）に造営。琵琶湖や中国の瀟湘（しょうしょう）八景（はっけい）にちなんで選ばれた近江八景を模して造られました。大きな池に突き出すように建つ臨池閣（りんちかく）や、築山には鳳翔台（ほうしょうだい）があります。ひなびた趣のある鳳翔台は、賓客をもてなすための客殿。現在は抹茶とお菓子で休憩しながら、庭園の風景を楽しめます。はるか向こうには天守を望め、初夏は花の香りが園内を包み、秋は紅葉。情緒あふれる空間は、ゆるりとした時間が流れています。

彦根城めぐりの際は、ぜひ立ち寄りたいスポットです。

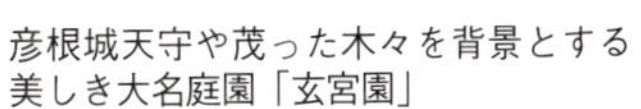
彦根城天守や茂った木々を背景とする美しき大名庭園「玄宮園」

玄宮園内の築山にたつ鳳翔台。ここから眺める庭園の美しさは格別で、薄茶をいただきながらゆっくりとくつろぎたい

○・△・□、多種多様な形をした狭間は敵を射撃するための装備

丸狭間と箱狭間を設けた備中松山城の三ノ丸土塀

鉄砲狭間と弓狭間

塀は防御を強固なものとしましたが、敵を迎撃することはできません。そこで、塀に弓を射撃することのできる小窓を設けることになります。これが狭間です。狭間には弓を射る矢狭間（弓狭間）と、鉄砲を放つ鉄砲狭間（銃眼）、そして大砲狭間があります。矢狭間は弓を引くため縦長の長方形となり、鉄砲狭間は円形の丸狭間、三角形の鎬（しのぎ）狭間、方形の箱狭間があります。これらは桶や板で枠を作って壁面に埋め込んで造られています。

用途によって高さが異なる

狭間の位置については、弓は立って引くため高い位置に、鉄砲は膝をついて放つので低い位置に構えられ、それぞれ立狭間、居狭間と称されています。土塀に設けられた狭間は開口したままですが、天守や櫓などの重層建物に設けられた狭間には木蓋が取り付けられていました。また、大坂城や江戸城など幕府の城では、石垣の頂部に配された延石を加工して狭間とした石狭間が導入されています。これは元和年間以降の狭間として最後に登場したものです。

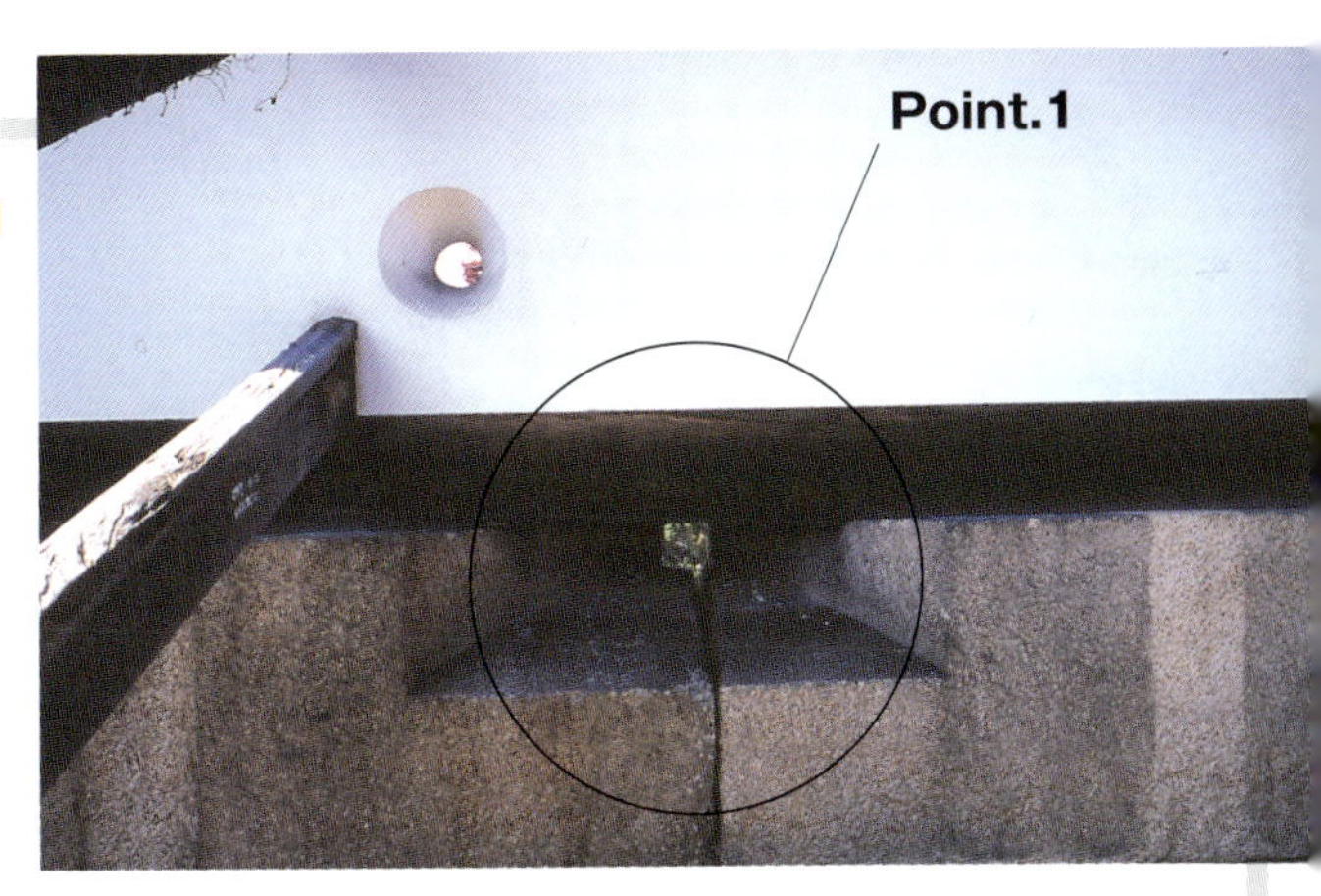

Point.1
石狭間を多用する大坂城
元和から寛永にかけて幕府によって修築された大坂城は、数多くの石狭間が設けられている

Point.2
姫路城三国堀に面して切られた狭間
姫路城の土塀には様々な狭間が設けられている。三国堀は菱の門に侵入した敵を追い落とすもので、そこに頭上より攻撃できる狭間が設けられていた

Point.3
平戸城の石塁に設けられた石狭間
北虎口門から本丸へ延びる石塁に、大きく開口する石狭間が設けられている

探訪 Check
- □ 備中松山城（岡山県）三ノ丸土塀狭間
- □ 大坂城（大阪府）大手門石狭間
- □ 姫路城（兵庫県）三国堀塀狭間
- □ 平戸城（長崎県）石狭間

鑑賞のコツ

姫路城…世界文化遺産に登録されている日本を代表する城郭。白亜の天守群をはじめ、美しい勾配を見せる石垣や様々な家紋を施した瓦など見所は多くある

菱の門…姫路城の二の丸の入口に位置する門。両柱の上の冠木に木彫りの菱の紋があることから名付けられた

コツ No.38

敵の不意を突いて攻撃するために仕掛けられた隠狭間

Point 彦根城天守に設けられた隠狭間

意匠に富む彦根城天守では外側からは見えない隠狭間が多く構えられており、天守が迎撃の拠点であることを示している

外側からは見えない狭間

狭間の外壁部分に敵から見えないように薄く土壁を塗って隠した狭間を隠狭間といいます。敵が近づいたときに、鉄砲で突いて壁を破って一斉に射撃できるように工夫したものです。

大洲城三の丸南隅櫓の隠狭間は大竹壺狭間（おおだけつぼざま）と呼ばれるもので、筒状にした竹材を土壁内に埋め込み狭間とした実例です。通常の隠狭間は蓋付狭間の外面を塗り込めて隠しています。金沢城では城郭建物の大半が腰部分に磚（せん）を貼り付けた海鼠壁であったために、隠狭間は磚によって隠されていました。

城マニア度 4

●探●訪●

Check

- □ 彦根城（滋賀県）天守隠狭間
- □ 金沢城（石川県）三の丸土塀隠狭間

鑑賞のコツ

大洲城…愛媛県大洲市にあった城郭。本丸の台所櫓、高欄櫓などが現存する。別名、地蔵岳城・比志の城とも

磚…東洋の建築に用いられた煉瓦。中国周代に始まり、漢代に発展した。日本では主に飛鳥・奈良時代に用いられている

狭間の数と配列には規則性がある

Point
一間おきに配列された彦根城の狭間
彦根城の佐和口多門では狭間は一間おきに配列されているが、天守では半間おきに配列されていた

狭間は基本的には一間おきに配置

狭間は通常、一間に1ヶ所ずつ構えられていました。例外として彦根城天守などでは半間おきに密に配置されています。土塀での狭間の配列は基本的に矢狭間と鉄砲狭間が同じ壁面に用いられて、交互に配置されます。矢狭間1に対して鉄砲狭間2を交互に、あるいは矢狭間1に対して鉄砲狭間3を交互に配置するなど、規則正しく配列されるのが特徴です。明治初年に撮影された鶴岡城本丸の塀の写真には、矢狭間1に対して鉄砲狭間2が規則正しく交互に配置されているのが見事に写されています。

5
4
3
2
1

鑑賞のコツ

鶴岡城…山形県鶴岡市にあった城郭。古くは鎌倉時代初期に築かれた大宝寺城が前進。関ヶ原の戦い以後は、最上義光が支配し、元和8年最上氏が改易となり酒井忠勝が入国。明治4年まで約250年間庄内を治める

●探●訪●
Check

- □ 彦根城天守（滋賀県）半間おき
- □ 弘前城天守（青森県）半間おき

石落は石を落とすことよりも、両斜下に向って放つ鉄砲に効力を発揮した

伊予松山城一の門南櫓の石落

石を落とすための装置⁉

城壁直下に押し寄せた敵に頭上より石を落とす装置を石落と呼んでいます。古くは南北朝時代に製作された『後三年合戦絵詞（ごさんねんがっせんえことば）』に、縄で結わえられた巨石が描かれており、中世以来の防御装置であったことが分かります。しかし近世城郭の石落は、大半が外見からその存在を識別できます。石落の在る直下を攻めることなどまずありえません。さらに幅はわずか一尺程度。落とす石も人頭大よりも小さなもので、そう効力も期待できません。最大の効力は、石を落とすことよりも、両斜下に向かって鉄砲を放つことができるようになったことです。

石落には様々な形がある

石落は石垣上に築かれた天守、櫓、櫓門、土塀などに設けられましたが、櫓の場合は特に出隅部に多く設けられています。その形状には下部が広がる袴腰型（はかまごしがた）、戸袋状に突き出した戸袋型と、出窓床下を利用したものがあります。また鉄砲狭間を設けるものもありました。床面開口部には木蓋が取り付けられており、普段は閉じられていました。

Point.1
高知城天守に備えられた石落

高知城の天守一重には下部に広がる袴腰型の石落が構えられている。この石落には下部に忍返も付けられている

Point.2
伊予松山城の小庇に付く戸袋型の石落

伊予松山城では平櫓の出隅部や土塀に石落が構えられている。その形状は戸袋型で、小庇が付けられている

Point.3
付櫓にも石落が設けられた松江城の天守

松江城の天守では付櫓や天守二重目に石落が構えられ、厳重を極めていた

●探●訪●
Check

- ☐ 伊予松山城（愛媛県）石落
- ☐ 高知城（高知県）石落
- ☐ 松江城（島根県）石落
- ☐ 名古屋城（愛知県）石落

鑑賞のコツ

高知城…高知県高知市にあった城郭。慶長6年（1601）に山内一豊が築城。本丸には延享4年（1747）に再建された天守をはじめ、櫓門、多聞櫓、本丸御殿、廊下橋など現存している

松江城…島根県松江市にあった城郭。天守は山陰唯一の現存天守で、石落、狭間など実戦本位の造りとなっている

コツ No.41

野面積～打込接～切込接へ 時代とともにスマートになった石垣

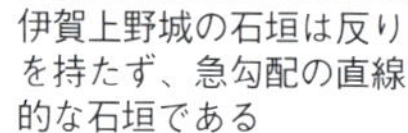
伊賀上野城の石垣は反りを持たず、急勾配の直線的な石垣である

近世の石垣には担当した大名や家臣の符号としての刻印が刻まれている。写真は山形城の刻印

寺院の技術が導入された城郭の石垣

戦国時代後半になると美濃、近江、播磨、備前、北部九州などで石垣が導入されるようになります。

例えば近江では、守護六角氏の観音寺城が高石垣によって築かれています。湖東三山のひとつ、金剛輪寺に残された古文書には、天文5年（1536）に「御屋形様の石垣」とあります。つまり守護の城の石垣普請について、寺側と守護側の使者が打ち合わせを行っていたことを記しています。このことから観音寺城の石垣技術は、寺院の造営技術を導入したものだとわかります。織田信長の安土築城の40年前のことです。

安土城によって城郭は石造となる

信長の安土築城により、一気に石垣が導入されることとなります。それ以後、日本の城郭は石造の城へと大きく発達します。その結果、石垣の上に重量建造物は天端いっぱいに築けるようになり、さらには見せる城として巨石が用いられるようになりました。

5
4
3
2
1

野面積 ▶▶ 観音寺城、浜松城、和歌山城など

和歌山城では豊臣秀吉時代に築かれた野面積の石垣が本丸や山吹渓などに残されている。石材は城に近い岡山の緑泥片岩で、近隣から持ち運ばれた。傾斜は緩く、反りもない

Point

自然石をほとんど加工せず積み上げた石垣

野面積は最も古い形態の石垣で、基本的には人工的に加工しない自然石をそのまま積み上げた石垣のことをいいます。石材と石材の接合面には大きな隙間が生じます。さらに積み方によって乱雑に積んで石材の目地が通らない乱積（らんづみ）と、自然石ではあるものの大きさを揃えて横に目地を通した布積（ぬのづみ）があります。

打込接 ◀◀ 名古屋城、伊賀上野城、和歌山城など

接（はぎ）とは石材同士の合端（あいば）、つまり接合面を意味します。打込接とは合端をできるだけ大きく取ることにより、隙間を減らした積み方です。そのため石材接合部を打ち欠いて、さらにそれでも生じる隙間には間詰石（まづめいし）を詰め込んでいます。

打込接も積み方により横目地の通らない乱積と、横目地の通る布積があります。近世城郭の石垣で、最も多用される積み方が打込接です。

Point.2

石材の接合部分を打ち欠いて加工し、隙間を減らした積み方

和歌山城では浅野幸長が城主となると、虎島などから和泉砂岩を切り出して石垣の増築が行われた。これらは打込接で築かれている。この石垣には多くの刻印が刻まれている

切込接 ▶▶ 仙台城、金沢城、和歌山城など

Point.3 ほぼ方形に加工した石材により、まったく隙間をなくした積み方

合端が完全に接するように石材を加工して積んだものが切込接です。また、使用される加工石材を切石（きりいし）と呼びます。切石は最初に隅角部へ導入され、元和年間（1615～24）以降になると、築石部（つきいし）と呼ばれる面部分の石材も切石となります。積み方には乱積と布積が存在し、乱積は不統一の石材を用いて目地を通しません。巨石を混ぜることで、見せる効果と崩れにくくする効果があります。布積は規格化された加工石を用い、江戸時代中期以降の石垣によく見られます。

元和3年（1617）に和歌山へ入城した徳川頼宣も城郭の拡張改修を行う。石材には、熊野の花崗岩が用いられるようになる。和歌山城一中門付近の仕切石垣には、方形の石材の角をL字に切って組み合わせる高度な切石積みとなっている

探訪 Check

- □ 伊賀上野城（三重県）打込接
- □ 和歌山城（和歌山県）野面積、打込接、切込接
- □ 山形城（山形県）打込接
- □ 観音寺城（滋賀県）野面積

鑑賞のコツ 予備知識 城郭辞典

湖東三山…琵琶湖の東、鈴鹿山脈の西山腹にある西明寺、金剛輪寺、百済寺の総称。紅葉の名所としても知られる

乱積・布積…石垣の積み方の種類。乱積は大きさの違う石材を積み上げ、目地を通さない工法。布積は石材の目地が横に通るように積み上げる工法。整層積みともいう

築城の名手ふたり 加藤清正と藤堂高虎

生涯一人の君主に仕えた清正と 8人の主君に仕えた高虎が築いた城は…

築城の名手といえば、このふたりの名前が上がるでしょう。加藤清正は永禄5年（1562）に尾張の国に生まれ、9歳のころに豊臣秀吉に仕え、秀吉死後も豊臣家に忠誠を尽くしたことで知られています。一方、藤堂高虎は清正より6年ほど早い1556年の生まれ。75歳で没するまでに、豊臣秀吉、秀吉の弟・秀長、徳川家康など8人の主君に仕えました。

加藤清正が築城に関与した城は10を超えますが、著名な城では熊本城、名古屋城、江戸城でしょう。清正が肥後北半国の領主に任命された1588年に築城に着手したのが熊本城です。その後、朝鮮の役で一時中断を余儀なくされ、完成したのは1607年、20年の歳月を要しました。天然の堀、天守や多数の櫓、20mを超える大きな門、 複雑に入り組んだ通路など様々な仕掛けが施された名城ですが、熊本城の最大の特徴は「石垣」といわれます。扇に似た独特の孤を描き、優美にして堅牢な石垣は「清正流」と称されます。熊本城だけではありません。名古屋城の天守台の石垣も清正の高度な技術で造られ、天守台の角積石には「加藤肥後守内」と刻まれています。江戸城では富士見櫓下の石垣を築きました。

一方、藤堂高虎が築城に関与した数は清正より多いようです。21歳で織田信長の安土城築城に参加したときに築城技術を学んだといわれます。今治城（1602年）はシンプルな天守の美しさで、伊賀上野城（1608年）は日本一の高さ（30m）を誇る石垣で知られています。伏見城や江戸城の大修繕にも携わっています。

清正と高虎が築いた城の特徴を比べてみると、石垣についていえば清正はその形、高虎は高さといえるでしょう。清正は反り返りのきつい石垣を好み、高虎は高い石垣と広い堀を好みました。

コツ No.42

江戸中期以降に出現した亀甲積と落し積によって、より強固になった石垣

Point.1
福山城天守台亀甲積
幕末に築城された福山城では石垣自体が低く造られている。その工法は大部分が亀甲積によるものである

Point.2
彦根城天秤櫓の落し積石垣
彦根城天秤櫓の土台の石垣は、左右でまったく違う姿を見せている。右側は慶長年間の築城当初のもので、左側は幕末に積み直された落し積によるものである

地震に強い石垣

石垣は地震などで江戸時代を通じて多くが崩れています。その都度修理が施されましたが、江戸中期頃より従来の工法に加えて、亀甲積と落し積が導入されました。亀甲積とは亀の甲羅のように六角形に整形した石材を積み上げるもので、比較的低い石垣に用いられました。落し積とは谷積とも呼ばれるもので、石材を斜めにずらしながら積み上げるものです。いずれも積まれた石材の目地が通らないので、横ずれに強くなり、地震などでも崩れることが少なくなっています。

5 4 3 2 1

●探●訪●
Check

☐ 福山城天守台（北海道）亀甲積
☐ 彦根城天秤櫓台（滋賀県）落し積

鑑賞のコツ

福山城…北海道南部、松前郡松前町にあった城郭。幕末に建てられた最後期の近世城郭

天秤櫓…廊下橋を中央とし左右対称に建てられている櫓。外観が天秤のような形をしていることから名付けられた

コツ No.43

石垣を登る敵を阻止するために造られた刎ね出し石垣

Point
人吉城に現存する刎ね出し石垣

人吉城のなかでも山麓部分、二の丸の石垣のみ天端石を刎ね出させた刎ね出し石垣となっている

天端を突出させた石垣

石垣は近世城郭に圧倒的に受け入れられます。その理由としてはまず権力を誇示するために見せる装置として。もうひとつは重量建造物を載せる基礎として耐久性の高いことでした。しかし、一方では登られる危険性がありました。そこで防御性を高めるために、石垣最上段に据える天端石を板状の切石として、石垣より刎ね出させて並べる石垣が出現します。これを刎ね出し石垣、跳出、あるいは庇などと呼んでいます。その実例は非常に少なく、人吉城と五稜郭、龍岡城で見ることができます。

5
4
3
2
1

●探●訪●
Check

- □ 人吉城（熊本県）
- □ 龍岡城（長野県）
- □ 五稜郭（北海道）

鑑賞のコツ

人吉城…熊本県人吉市にあった城郭。鎌倉時代に、相良氏が人吉荘の地頭として赴任し築城。以来35代・約700年在城した

龍岡城…長野県佐久市にあった城郭。五稜郭とならび貴重な西洋式城郭

敵を見張り、防衛するための盛土・土塁は戦国時代以来の伝統的防御施設である

高崎城二の丸に残る土塁

防御施設の発生とともに出現した土塁

防御施設としての土塁の発生は、弥生時代の環濠集落にまで遡ります。外敵から身を守るための最初の防御施設だったわけです。戦国時代以降の土塁は土を盛って築いた堤状の施設で、曲輪の周縁部に設けられました。戦国時代の土塁は別名「掻揚城（かきあげじろ）」と称されるように、一般的に土塁とは堀を掘った土を掻き揚げて築かれる簡単なものでした。

近世城郭の土塁は、上辺を褶（ひらみ）、底辺を敷（しき）、傾斜面を法と称しています。また外側の法を外法、内側の法を内法と呼んでいます。また褶は、馬や兵の行き来する場所となったことから馬踏（ばふみ）ともいわれています。

たたき土居と芝土居

掻き揚げとはいうものの、粘土や礫（れき）を土と混入して突き固めて築いたものをたたき土居、法面に芝を植えて崩落を防いだものを芝土居と称します。余談ですが、関東以北の近世城郭では基本的には土塁造りの城が圧倒的に多く存在しています。東国大名の城造りには、戦国以来の土造りの思想が伝統的に根強くあったからに他なりません。

5
4
3
2
1

Point.1
白石城本丸の土塁

白石城では天守台は石垣としているが、曲輪の周辺部は東北の城らしく基本は土塁であった

Point.2
山形城二の丸の土塁

山形城の二の丸では虎口部分のみを石垣によって枡形としているが、それ以外の塁線は土塁によって築かれていた

Point.3
姫路城中堀に残る土塁

姫路城は基本的には石垣によって築かれているが、中堀の北面ラインは土塁によって築かれており、現在も見事にその遺構を残している

- □ 高崎城（群馬県）二の丸土塁
- □ 白石城（宮城県）本丸土塁
- □ 山形城（山形県）本丸土塁
- □ 姫路城（兵庫県）中堀北方土塁
- □ 弘前城（青森県）本丸土塁

鑑賞のコツ

掻揚城…堀を掘った時の土を盛り上げて土居を築いた、堀と土居だけで造られた城

礫…粒の直径が2mm以上の砂屑物。小石など

馬踏…人馬が通行できるように平らになった部分

鉢巻石垣・腰巻石垣は土塁を補強するために造られた

Point
典型的な鉢巻石垣と、腰巻石垣を併用した彦根城の内堀
彦根城では本丸には高石垣を設けたものの、山麓に巡る内堀の壁面には鉢巻石垣と腰巻石垣が用いられていた

土塁上部が鉢巻、下部が腰巻

土塁の上部に構えられた低い石垣を鉢巻石垣と呼びます。これは、土塁上に重量建物を構える場合、土塁の上端一杯に築くことは不可能です。そのため、必ず犬走りを構える必要がありました。そこで土塁上にも天守や櫓を建てるために設けられたのが鉢巻石垣です。一方、近世城郭では大半が水堀となり、土塁では水に弱く崩れる可能性がありました。それを防ぐため土塁下部に土留めとして低い石垣が設けられます。これが腰巻石垣です。これらは、特に東国の城に多く用いられています。

5
4
3
2
1

鑑賞のコツ 予備知識

犬走り…塀、石垣の外側に狭く張り出した部分。土塁や石垣の崩れを防ぐために造られた

会津若松城…福島県会津若松市にあった城郭。東北最大の天守台が残る城として知られる

探訪 Check

- □ 彦根城（滋賀県）
- □ 会津若松城（福島県）

コツ No.46

鉄砲の普及以後、堀は深さに加えて幅の広さが求められた

5
4
3
2
1

鉄砲対策のための堀

堀は城郭の基本的な防御施設です。戦国時代の山城では、幅よりも深さが求められていました。ところが鉄砲の普及とともに、幅が求められるようになります。山鹿素行(やまがそこう)の著した『武教全書(ぶきょうぜんしょ)』には、「堀広さの事、矢かゝりの事、十間を上、十五間を中、廿間を下とするなり」とあります。大坂城の堀幅は36～72mもあり、石垣の高さも30m以上となります。その一方で、広島城などはそう高い石垣は築かれませんが、やはり鉄砲対策のため幅だけは広く設けられていました。

鑑賞のコツ 予備知識 城郭辞典

山鹿素行（1622～1685年）…江戸時代前期の儒学者・兵学者

広島城…広島県広島市にあった城郭。大天守をはじめ76の櫓があったといわれ、戦前まで天守や二の丸櫓が現存していた

探訪 Check

- [ ] 大坂城（大阪府）
- [ ] 広島城（広島県）

戦国時代からの堀は大別して空堀と水堀 近世城郭では、水堀が多く用いられた

5
4
3
2
1

彦根城では尾根を切断する堀切が設けられている

堀で敵の侵入を遮断

城の周囲を掘り込んで巨大な溝を構築し、敵の侵入を遮断する防御施設が堀です。堀は、堀内に水を引き込んだ水堀と、水のない空堀があります。水堀は濠、水濠、空堀は隍(からぼり)、乾堀(からぼり)とも書きます。戦国時代の山城の堀はほとんどが空堀でしたが、戦国時代でも平城や館では水を湛えた水堀も設けられました。近世城郭では大半の堀が水堀となりますが、広大な堀を構えたために起こった湧水処理と、城内排水の処理が大きな理由だったようです。

堀の断面形態にも様々な形があった

ところで、堀の断面には堀底が平たくなる箱堀と、V字状となる薬研堀(やげんぼり)があり、その発達形として堀幅を広くするため片側の傾斜を緩くした片薬研堀(かたやげんぼり)と、U字状になる毛抜堀(けぬきぼり)があります。

近世城郭の広大な水堀や空堀は箱堀。山城の堀切には薬研堀、片薬研堀。幅の狭い水堀には毛抜堀が用いられます。それぞれの特徴を活かして堀内の移動や、登り降りができないように工夫が施されています。

Point.1
広大な名古屋城の水堀

近世城郭では鉄砲も届かないような広大な水堀が設けられる。しかし、これらは単に防御的に発達したのではなく、湧水や排水対策でもあった

Point.2
戦国時代の堀切を彷彿とさせる佐伯城の堀切

近世でも山頂部に築かれた山城では曲輪間や背後の尾根筋に堀切を設けていた

Point.3
戦国時代の構造を踏襲した高遠城の空堀

高遠城は武田信玄によって攻略されたのち、武田氏の持城となる。近世にもその構造が踏襲されたため、曲輪間の堀は空堀である。

探訪 Check

- □ 彦根城（滋賀県）太鼓丸と鐘の丸間の堀切
- □ 名古屋城（愛知県）御深井丸の水堀
- □ 佐伯城（大分県）本丸と二の丸間の堀切
- □ 高遠城（長野県）曲輪間の空堀

鑑賞のコツ 予備知識

堀切…尾根に沿って敵が侵入することを防ぐために、通路を遮断するように掘った堀のこと

佐伯城…大分県佐伯市にあった城郭。慶長7年（1602）～同11年（1606）にかけて、毛利高政によって築かれた

高遠城…長野県伊那市高遠町にあった城郭

近世城郭で多用された水堀だが軍事的に優れていたのは空堀である

Point
名古屋城の空堀
圧倒的な堀幅と高さを有しており、飛び降りることはまずできない。石垣を伝って降りると鉄砲の攻撃にさらされることとなる

遮断線としての効力を発揮

近世城郭では大半の堀が水堀となりますが、水堀が軍事的に優位だからではありません。むしろ深く掘られた空堀の方が飛び降りることもできず、石垣を伝って降りれば鉄砲に撃たれてしまいます。また堀内は遮蔽物（しゃへいぶつ）がないため、鉄砲の攻撃にさらされます。このように空堀は遮断線として最大の効力を発揮する防御施設でした。このため、水堀と空堀が組み合わされて配置されることもありました。コツ47でも述べましたが、近世城郭に水堀が採用されたのは湧水対策などの理由からです。

横堀…山の斜面に、等高線に沿って設けられた堀。斜面を補強するために造られる場合もある

障子堀…敵が堀底を駆け抜けることを防ぐため、堀底に障子の桟のように土手を設けていたことから名付けられた

5
4
3
2
1

探訪 Check

- □ 名古屋城（愛知県）西の丸の空堀
- □ 大坂城（大阪府）本丸正面の空堀

山の斜面を利用して垂直に掘られた堀を竪堀（たてぼり）と呼ぶ

Point
近世城郭では数少ない竪堀を備えた彦根城

近世城郭でも倭城の影響を受けて竪堀を導入したところが数例認められる。彦根城では竪堀と登り石垣を併用して斜面を防御している

斜面を封鎖する畝状空堀群（うねじょうからぼりぐん）

戦国時代の山城では、山の斜面に縦方向に溝のように掘られた竪堀が設けられます。通常尾根を切断した堀切が両側の斜面を下って竪堀となっていますが、堀切とは別のところに設けられるものもあります。これは山城へ登りくる敵の、斜面移動を封鎖するものです。なかには山の斜面に数十本も巡らせ、堀の間に土塁を畝状に積み、斜面を完全に封鎖する畝状空堀群も出現しました。竪堀は豊臣秀吉の朝鮮出兵で築かれた倭城にも導入され、近世城郭でもわずかに採用されています。

城郭マニア度
5
4
3
2
1

探訪 Check

- □ 一乗谷城（福井県）畝状空堀群
- □ 彦根城（滋賀県）竪堀と登り石垣

鑑賞のコツ 予備知識 城郭辞典

倭城…文禄と慶長の2度にわたり豊臣秀吉が朝鮮に出兵した文禄・慶長の役。その際、朝鮮に渡った日本の武将が物資保管を主な目的に、日本式の石垣造の城を朝鮮半島南部の各地に築いた。これが倭城と呼ばれた

御殿は公邸となる表向きと私邸となる奥向きで構成される

近世城郭の壮大な御殿として唯一残る二条城二の丸御殿

御殿の始まりは安土城から

戦国時代の山城はあくまでも戦うための詰城であり、基本的に住むための施設ではありません。大名や土豪たちは、平時は山麓に構えていた屋敷で生活をしていたのです。城郭という防御施設に、御殿という生活空間が取り入れられたのは、織田信長による安土城以後のことです。安土城は防御の要となる本丸に御殿が構えられました。豊臣秀吉の大坂城も本丸に御殿が構えられますが、残された絵図によると表向きと奥向きが使い分けられていたことがわかります。

近世は藩の公邸となる

近世城郭では御殿は単に藩主の屋敷ではなく、藩の公舎として儀礼・外交の場となります。また藩の役人たちが藩政事務を行う役所としての場でもありました。こうした藩政を執り行うところが「表向き」でした。これに対して「奥向き」とは藩主の私邸のこと。奥向きには奥御殿のほかに、女中たちの住む多くの部屋が最奥部に設けられていました。こうした表向きと奥向きの間に、藩主の日常生活や政務を行なう「中奥」が設けられていました。

5
4
3
2
1

Point.1

二条城二の丸御殿の表向き

二の丸御殿の表向きは遠侍(とおざむらい)、式台、大広間、黒書院と、中奥にあたる白書院から構成されており、それらの御殿は斜め方向に配置されている雁行形(がんこうがた)で建てられている

Point.2

二条城二の丸御殿

二条城は将軍の京都における宿所でもあった。表向き以外にも、台所と御清所が残されている

●探●訪●

Check

- [ ] 二条城(京都府)二の丸御殿
- [ ] 川越城(埼玉県)本丸御殿
- [ ] 掛川城(静岡県)二の丸御殿
- [ ] 高知城(高知県)本丸御殿

鑑賞のコツ

二条城…京都市中京区にあった城郭。二の丸御殿が国宝に指定され、ほか多数の重要文化財がある。1994年に「古都京都の文化財」のひとつとして、世界遺産にも登録されている

織田信長（1534～1582年）…戦国時代から安土桃山時代にかけての武将。尾張織田家の当主となり、国内の内紛や謀反を次々と鎮圧し、天下統一をすすめる。明智光秀の裏切りにあい、本能寺の変で自害することになる

コツ No.51

御殿絵図を見れば御殿の用途や屋根の形状がわかる

5
4
3
2
1

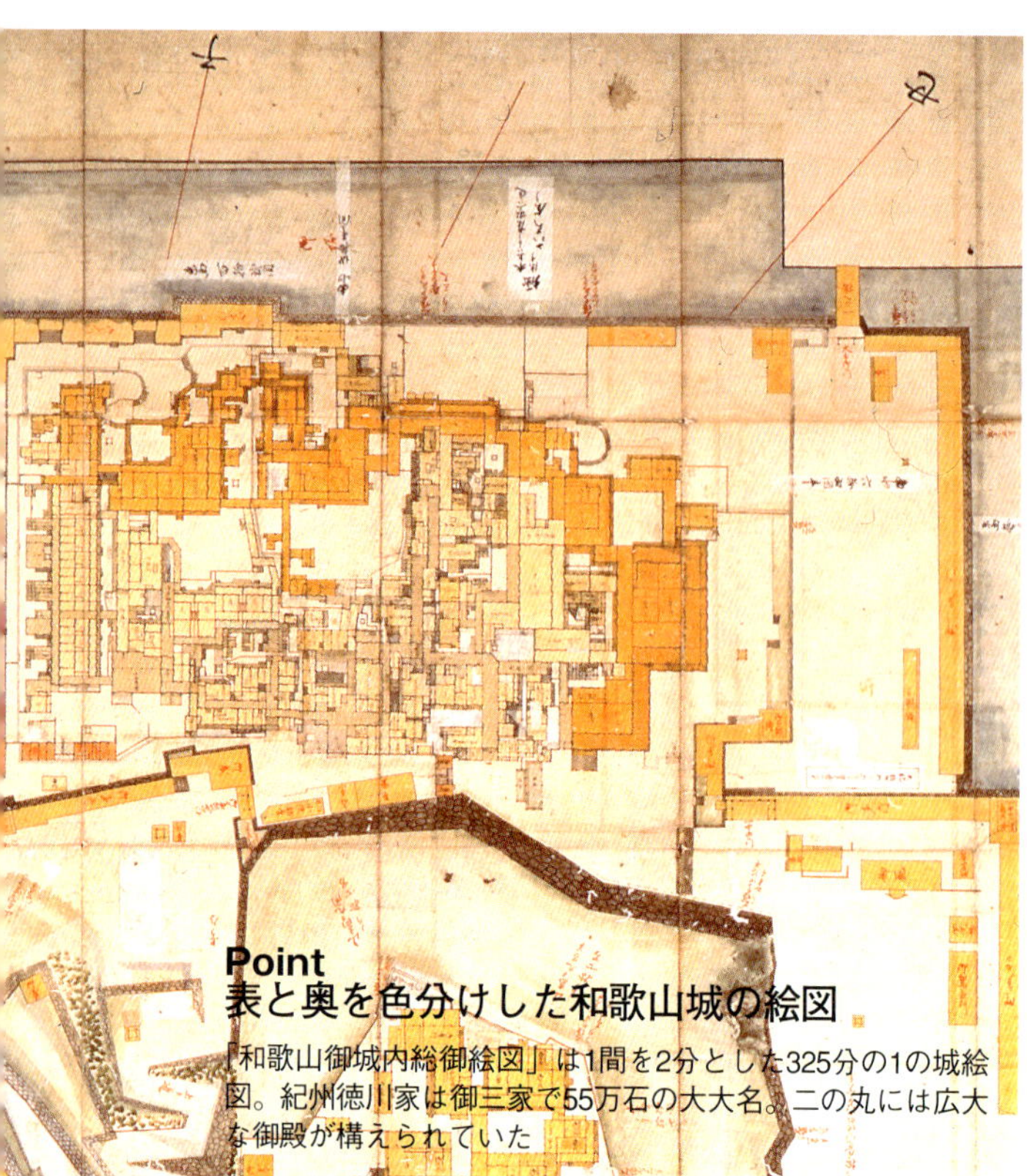

Point
表と奥を色分けした和歌山城の絵図

「和歌山御城内総御絵図」は1間を2分とした325分の1の城絵図。紀州徳川家は御三家で55万石の大大名。二の丸には広大な御殿が構えられていた

「和歌山御城内総御絵図」（和歌山県立図書館所蔵）

絵図の色分けには意味がある

城郭の御殿絵図を観察すると、御殿が何色かに色分けされていることに気が付きます。「和歌山御城内総御絵図」は寛政9〜11年（1797〜99）頃に描かれたもので、二の丸御殿は朱色が表向き、薄黄色が奥向きを表しています。なお、これらは御殿の用途によって色分けされていますが、それと同時に屋根構造の差異も表しています。藩の公邸となる表向きでは屋根は檜皮葺となり、奥向きでは瓦葺となります。現存の二条城二の丸御殿は本瓦葺ですが、これは幕末に補修されたもので、元来は檜皮葺でした。

鑑賞のコツ 予備知識 城郭辞典

和歌山御城内総御絵図…寛政年間頃に描かれたとされる和歌山城の絵図。現在は和歌山県立図書館が所蔵している

和歌山城…和歌山県和歌山市にある城郭。天正13年（1585）豊臣秀吉の弟・秀長が築く。関ヶ原合戦後は、徳川御三家の紀州徳川家の居城となる

探訪 Check

- □ 和歌山御城内総御絵図（和歌山県）和歌山県立図書館
- □ 彦根城表御殿起し図（滋賀県）彦根市立彦根城博物館

コツ No.52

数少ない現存する御殿を見て それぞれの特色を理解しよう

Point
玄関式台に大唐破風を載せた川越城本丸御殿

川越城本丸御殿は嘉永年間（1848〜54）に再建されたもので、二条城や焼失した名古屋城本丸御殿などとは比較できないほど質素に造られている

現存する御殿は4ヶ所

明治維新後、御殿は藩庁舎や県庁舎として利用されましたが、廃藩置県直後に取り壊され、現在では4ヶ所に残されているにすぎません。二条城二の丸御殿は、将軍上洛用の宿所として慶長8年（1603）頃完成し、御水尾天皇の行幸に際して増改築されたものです。川越城本丸御殿や掛川城二の丸御殿は幕末に再建されたもので、質素に造られています。川越城の御殿は正面に唐破風の式台が配され、江戸時代の御殿の特色を示しています。高知城は本丸が狭く、御殿は儀式にのみ使用されていました。

5
4
3
2
1

●探●訪●
Check

□ 川越城本丸御殿（埼玉県）重要文化財

□ 掛川城二の丸御殿（静岡県）重要文化財

鑑賞のコツ

掛川城…静岡県掛川市にあった城郭。守護大名・今川氏が重臣の朝比奈氏に造らせたのが始まり。また「内助の功」で知られる山内一豊とゆかりの深い城として知られる。嘉永7年（1854）、大地震により建物の大部分を失ったが、1994年に天守が再建されている

城郭の管理棟であった番所は、作事が小規模だったため、その大半は現存していない

江戸城二の丸中之御門内に設けられた大番所

城郭の建物としては最も多く建てられた番所

近世城郭では、実に多くの番所が設けられていました。例えば、曲輪の巡視や管理清掃のための番所などがあります。その他にも城門の開閉や出入する者を監視するための御殿に付属する番所など、城郭の建物の中で最も多く構えられた施設であったと考えられます。

しかし、番所の普請や修理は小規模で簡単だったため、大半は取り壊されてしまいます。そのため、現存する事例はほとんどありません。

枡形内に構えられた番所

城門に付属する番所は特に重要です。枡形内には外番所、枡形二の門の櫓門より城内側には内番所が構えられ、二重に管理・監視が行なわれていました。江戸城二の丸下乗門には枡形内に同心番所、下乗門内番所として百人番所（大番所）、中之門内に大番所が残されています。また丸亀城では御殿に付属する番所が残されています。

なお、番所は大変簡単なものだったので、櫓や多門の一角に設けられる場合も数多くありました。

5
4
3
2
1

Point.1 二条城東大手門内に構えられた番所

二条在番の武士が詰めた番所。正面10間、奥行3間の長大な建物である

Point.2 弘前城二の丸に現存する与力番所

二の丸東門与力番所は公園管理人の宿舎等になっていたが、昭和56年に現在地に移築復元された

Point.3 久保田城の長坂門を管理していた御物頭御番所（おものがしらごばんしょ）

久保田城表門（一ノ門）の外側に配された番所。長坂門の管理と城下の警備、火災の消火を担当していた御物頭の詰所として建てられ、久保田城で唯一現存する建物

探訪 Check

- □ 江戸城（東京都）同心番所、百人番所、大番所
- □ 二条城（京都府）番所
- □ 弘前城（青森県）二の丸東門与力番所
- □ 久保田城（秋田県）御物頭御番所

鑑賞のコツ

江戸城…東京都千代田区にあった城郭。長禄元年（1457）、扇谷上杉氏の家臣であった太田道灌が築城した。小田原の北条氏が滅んだ後、徳川家康が江戸に入府。入城した当初は質素な城だったが、江戸開府以降は、江戸城の拡張に着手する。これがいわゆる「天下普請」。明暦3年（1657）の明暦の大火で本丸、二の丸、三の丸を焼失。それ以来、天守は再建されることはなかった

現存するのは彦根城のみだが馬屋は城郭の隠れた必需施設である

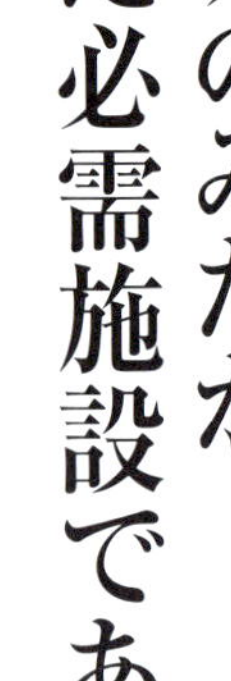

彦根城二の丸に残る馬屋

戦国時代から存在した馬屋

馬は騎馬、荷駄馬（にだば）など軍馬として戦国時代、江戸時代を通じて武家社会においては最も大切に扱われていました。そのため城内で飼育する施設として、必ず馬屋が設けられています。馬屋は厩（うまや）とも書き、馬を数頭から数十頭を繋いでおくため、長大な長屋構造となるものが大半です。すでに戦国時代に存在していたようで、平地の館跡などで検出される長大な掘立柱建物跡が馬屋の遺構と考えられています。安土城の山麓、羽柴秀吉屋敷で検出された礎石建物は、床を伴う高級な馬屋と考えられています。

現存は彦根城の一例のみ

近世城郭では本丸や二の丸など中枢部に馬の訓練を行う馬場が設けられます。そして、馬場に接して馬屋が構えられていました。城内の馬屋で飼育される馬は藩主専用ですが、1頭ではなく、数多くの馬が飼われていました。城内に必ず建てられていた建物であるにも関わらず、明治の廃城に伴いことごとく破却されてしまい、現存する馬屋は全国で唯一、彦根城に残されているだけです。

Point.1
平面がＬ字状となる彦根城の馬屋

彦根城の馬屋は平面Ｌ字状となる矩折り長屋で、21室から構成されている。屋根は杮葺（こけらぶき）で、壁は上を大壁、下を簓子下見板張（ささらこしたみいたばり）とする

Point.2
20頭もの馬が飼育されていた

彦根城の馬屋は明和年間（1764〜71）の火災後に再建されたもので、馬立場、馬繋場と管理用の小部屋が設けられていた

Point.3
門を伴う馬屋

彦根城の馬屋は南側が長屋門となっている。門の南側1室は番所となり、出窓が設けられている

●探●訪●
Check

- □ 彦根城（滋賀県）馬屋

鑑賞のコツ

杮葺…日本の伝統的屋根葺きの手法のひとつ。「こけら＝薄い木片」を重ねて敷いた屋根をいう

彦根城…約400年前に、井伊直継、直孝により20年もの歳月をかけて築城される。明治時代に解体の危機にみまわれたが、明治天皇から保存をするようにとの大命が下され、危機を免れる。天守は、現存する12天守のひとつで、国宝にも指定されている

「橋」を見る

土手状に築いた土橋、敵の襲来に備えた引橋、屋根を備えた廊下橋

本丸と二の丸間の堀切に架けられた高知城の詰門

戦国時代の土橋と木橋

堀や堀切に架けられた橋は土手状に設けられた土橋と、木で造られた木橋があります。戦国時代の山城は堀切に人が通れる程度の狭い土橋が設けられる場合が多く、現在でも各地の山城に残されています。その一方で、戦国時代に木で造られた橋は極めて簡素であったため、残存するものはありません。しかし、発掘調査によって堀底に橋脚が検出される場合も多く、八王子城では山麓居館部で復元されています。また虎口が認められるものの、橋脚が検出されていないものは引橋だったようです。引橋とは敵が来襲した場合、橋を城内に引き入れてしまう構造の橋です。

唯一残存する廊下橋

近世城郭でも木橋は簡単なものであり、残存するものはありません。また、木橋に屋根を掛ける廊下橋と呼ばれる橋も造られ、高知城では本丸と二の丸間の堀切に、上部が廊下橋、下部が堀切を仕切る門として造られた詰門が現存しています。また、土橋も用いられますが、大半は土手の両側面を石垣とし、規模も巨大なものとなります。

5
4
3
2
1

Point.1
和歌山城西の丸紅葉渓庭園に架かる御橋廊下

紅葉渓庭園は西の丸に設けられた庭園。その庭園と二の丸間の水堀に架けられた橋は藩主専用のもので、内部は階段をもつ廊下となっている。現在のものは平成18年に復元されたもの

Point.2
府内城の二の丸（西丸）と山里丸間に架かる廊下橋

府内城の二の丸（西丸）と山里丸間の水堀には廊下橋が架けられていた。現在のものは平成9年に復元されている

Point.3
巨大な大坂城の大手土橋

近世城郭の水堀にはとてつもなく巨大な土橋が架けられていた。崩落を防ぐために土橋の両側面は石垣とする場合が多い

探訪 Check

- □ 高知城詰門（高知県）重要文化財
- □ 和歌山城御橋廊下（和歌山県）復元
- □ 府内城廊下橋（大分県）復元
- □ 大坂城大手土橋（大阪府）

鑑賞のコツ

土橋…軍兵、騎馬の通行用に使われるため、かなりの重量に耐えられるように造られている

架け橋…堀に架ける木でできた取り外し可能な橋。橋に屋根を架ける廊下橋というのもある

はね橋…架け橋の中でも稼働式で、橋台が突き出た狭く短い橋

コラム

大名に学ぶ ～心に響く名言集～

美しい城郭とともに、戦国～江戸の時代を生きた大名たち。
彼らが口にした、心に「ズシリ」と響くような名言を集めてみました

「臆病者の目には、敵は常に大軍に見える」
織田信長

「人の意見を聞いてから出る知恵は、本当の知恵ではない」
豊臣秀吉

「人の一生は、重き荷を背負うて遠き道を往くが如し」
徳川家康

「したいことをするな。嫌なことをしろ」

武田信玄

「苦は楽の種、楽は苦の種と知るべし」
徳川光圀

「寝室を出る時から、今日は死ぬ番であると心に決めなさい。
その覚悟があればものにどうずることがない」
藤堂高虎

「よその若者を褒めることは、うちの若者をけなすことだ」
加藤清正

「天下の治乱盛衰に心を用うる者は、現世に真の友一人もあるべからず」
毛利元就

「不遇な時こそ一番友情の度合いがわかる」
前田利家

「勝ったときには褒美を、負けたときには優しい言葉を」
鍋島直茂

日本の城　鑑賞のポイント65

「応用編」

城郭を「楽しむ」

再建された天守を見て復元・模擬の違いを知る

市民の寄付によって復興された大坂城天守

根拠のない「模擬天守」

城の大半は明治維新直後に廃城となり、建物は競売にかけられ解体されました。しかし、早くも明治末年には城跡に建物の復興が行なわれるようになります。天守の復興は大きく分けて、「模擬天守」と「復元天守」。模擬天守は、歴史的には何の根拠もなく復興した天守のこと。その最初が明治43年に建てられた岐阜城の天守です。昭和初期には木造の天守として郡上八幡城など。また大阪城などは鉄筋コンクリートによって復興されています。

史実に基づいた「復元天守」

それに対し、復元天守とは図面、写真などの資料を基に、その外観をできるだけ正確に建て直した天守のこと。

昭和30年代には、太平洋戦争によって焼失した多くの天守が戦後復興のシンボルとして復元されます。その多くは鉄筋コンクリートによる復元でした。また、天守の復興事業は戦前に失われた天守にも波及し、第一次お城復興ブームとなります。平成に入り、白河小峰城の御三階櫓や、大洲城天守などが木造によって再建されています。

Point.1
会津若松城は明治初年に解体された天守の外観を復元

会津若松城の天守は戊辰戦争でも焼け残ったが、明治初年に解体された。昭和40年に古写真などを元に鉄筋コンクリートによって外観のみが復元された

Point.3
復元された名古屋城天守

国宝に指定されていた名古屋城天守と本丸御殿は昭和20年に空襲により焼失。現在の天守は昭和34年に鉄筋コンクリートによって復元されたもの

Point.2
上山城天守は歴史的にはまったく根拠のないもの

上山城は土岐氏によって改修され、後に藤井松平氏3万石の居城となった。昭和57年に鉄筋コンクリートで天守が建てられたが、歴史的には上山城に天守が築かれた事実はない

●探●訪●
Check

- □ 大坂城（大阪府）
  模擬・鉄筋コンクリート
- □ 会津若松城（福島県）
  外観復元・鉄筋コンクリート
- □ 名古屋城（愛知県）
  外観復元・鉄筋コンクリート
- □ 上山城（山形県）
  模擬・鉄筋コンクリート

鑑賞のコツ

群上八幡城…岐阜県郡上市にある城郭。永禄2年（1559）遠藤盛数が八幡山の上に築いたのが起源。模擬天守では珍しい木造天守が、昭和8年（1933）に復興された

白河小峰城…福島県白河市にある城郭。南北朝時代、結城親朝が小峰ヶ岡に築城し小峰城と名付けたのが始まり

近世の城下町は、身分によって住居区が分離されていた

江戸時代の武家屋敷がよく残る杵築（きつき）の城下町

戦国時代の城下町

戦国時代になると守護や戦国大名、有力国人の居城の周囲や山麓に町が形成されます。城を中心に形成されたことから、こうした町を城下町と呼びます。戦国時代の城下町は武士と町人が同じ場所に住んでいました。例えば一乗谷朝倉氏遺跡の場合、朝倉氏の居館のすぐ前に紺屋などの町屋が存在していました。またヨーロッパなどは町を囲うような城壁が存在しましたが、戦国時代にはそのような城下町はありません。しかし、織田豊臣政権の城下町では、城下町を囲う水堀が巡らされるようになります。これを惣構と呼んでいます。

近世城下町の特徴

近世城郭でもこうした惣構を踏襲し、堀を一重、二重として城下町を囲い込んでいます。さらに、近世城下町では身分制度による武士と、町民の居住区が分離されることになります。近世城下町の教科書的な構造を持つ彦根城下では、内堀より内側が城郭、内堀と中堀間が大身の家臣屋敷、中堀と外堀間が中・下級武士の屋敷と町屋、外堀の外側に足軽屋敷が配置されています。

5
4
3
2
1

Point.1

台地上に構えられた佐倉城下の武家屋敷

関東の譜代大名の居城である佐倉城では台地の上に武家屋敷が構えられ、台地の麓に町人街が形成されていた。現在わずかではあるが武家町が残されている

Point.2

武家町と町人町が完全に分離する岩村城下

戦国時代の山城を利用した岩村城では城下町の形成が谷筋ごとに行われるという変則的な構造となる。山城の直下に町屋が配置されていることにより、町屋の正面に城が見える

Point.3

足軽も屋敷を構えていた彦根城下

彦根城下では外堀のさらに外側に足軽屋敷が構えられていた。大半の城下では足軽屋敷は長屋であったが、彦根では個別の屋敷地が与えられていた

●探●訪● Check

- □ 杵築城下町（大分県）
- □ 佐倉城下町（千葉県）
- □ 彦根城下町（滋賀県）
- □ 岩村城下町（岐阜県）

鑑賞のコツ

一乗谷朝倉氏遺跡…福井県福井市にある戦国時代の遺跡。一乗谷朝倉氏庭園は国の特別名勝にも指定されている

杵築城…大分県杵築市にあった城郭

佐倉城…千葉県佐倉市にあった城郭

岩村城…岐阜県恵那市にあった城郭

西洋・アジアの城は市民を守るために都市を囲うように城壁を設けていた

5
4
3
2
1

李氏朝鮮の首都、京城の背後に築かれた南漢山城の城壁

都市を守るための城壁

ヨーロッパの中世城郭や、中国の中・近世城郭など、大陸では都市を囲う城壁（シティ・ウォール）こそが城でした。その城壁は都市を守るためのものでしたが、いざ戦争が起こると市民は兵士として戦わなければなりません。そして、戦いに敗れれば虐殺されます。城壁（シティ・ウォール）があるからといって、決して安全ではなかったのです。ヨーロッパの30年戦争（17世紀）の際は、実際に多くの市民が虐殺され、記録も残っています。

城壁いらずの日本の城

一方、朝鮮半島では山城が発達します。その特徴としては、山の八合目を取り巻くように石塁を巡らせ、その内部に倉庫を構えていました。これは戦いに備え、市民を避難させる逃げ城として築かれたものでした。日本では、城下町を城内に取り入れたり、城壁を構えるなどしなかったため、民は守られなかったといわれます。しかし、ほとんどの戦いは、城主一人の命で民の安全は保障されました。そのため、町を囲い込む必要がなかったのです。

Point.1 鉄壁の構えを築いた南京城

明の応天府、南京城は明の太祖によって築かれ、城壁は33Kmにもおよぶ巨大なものであった。特に城門は厳重を極め、二重、三重の甕城が構えられていた

Point.2 二重の城壁を巡らせたカルカソンヌ城

南フランスのカルカソンヌ城は英仏百年戦争でエドワード黒太子の攻撃を受けるが最後まで落城しなかった

Point.3 朝鮮の築城技術と西洋の技術によって築かれた水原城

華城行宮（ファソンヘングン）と呼ばれる王の別邸を中心に周囲に城壁を築いたのが水原華城（スフォンファソン）である。李氏朝鮮王第22代国王正祖によって1794〜96年にかけて築かれた

●探●訪● Check

- □ 南漢山城（大韓民国）
- □ 水原城（大韓民国）
- □ 南京城（中華人民共和国）
- □ カルカソンヌ城（フランス）

鑑賞のコツ 予備知識

南漢山城…2000年前の高句麗時代に造られた土城。何回か改修した後、朝鮮時代の1621年光海君が本格的に築城

30年戦争…1618〜48年にかけて、ドイツを中心に起こった宗教戦争。「最後の宗教戦争」「最初の国際戦争」などと称されることもある

北海道と沖縄の城郭を見て本州の城郭との違いを知る

琉球王朝の王府として築かれた首里城

アイヌの城「チャシ」

北海道にはアイヌが築いたチャシと呼ばれる城砦が約500ヶ所に分布しています。とくに道東に偏って分布しており、メナシクル(東方の人の意)の勢力範囲と一致しています。チャシは発掘調査の結果、16~18世紀に築かれたものであることが明らかとなっています。その構造はひとつの平坦地に空堀を巡らせただけの小規模なもので、選地によって丘先式、面崖式、丘頂式、弧島式に分類されます。

なお、チャシは単なる防御施設ではなく、聖域としての側面も兼ね備えていました。

沖縄の城「グスク」

一方、沖縄ではグスクと呼ばれる城が約300ヶ所に分布しています。グスクの多くは石塁によって築かれていますが、その起源は14世紀にさかのぼり、琉球では安土築城よりも250年も前に石垣が用いられていました。その特徴はゆるやかなカーブをもつ曲線城壁で、城壁の上部は通路となり、さらに胸壁と呼ばれる石塀が設けられていました。また城門は城壁の一部を開口させた石造アーチ門となっていました。

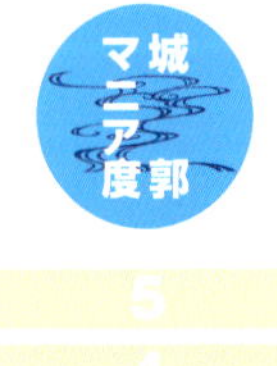

5
4
3
2
1

Point.1
三山鼎立（さんざんていりつ）時代の北山王の居城 今帰仁城（なきじんぐすく）

今帰仁城は琉球が北山、中山、南山に対立した三山時代の北山王の居城であった。中山王尚巴志（ちゅうざんおうしょうはし）によって攻め落とされた

Point.2
丘頂式チャシの典型、オタフンベチャシ

オタフンベチャシは太平洋に面した小丘陵の頂部に築かれた丘頂式のチャシで、頂部の周囲にU字状の濠が巡らされている

Point.3
本州の中世城郭に類似するモシリヤチャシ

モシリヤチャシは独立丘の先端部に堀切を設け、帯曲輪を山腹に巡らせている。また曲輪斜面の切岸は高く、急斜面で見事である

●探●訪●
Check

- □ 首里城（沖縄県）
- □ 今帰仁城（沖縄県）
- □ オタフンベチャシ（北海道）
- □ モシリヤチャシ（北海道）

鑑賞のコツ

首里城…沖縄県那覇市にある旧琉球王城。15～19世紀まで尚氏の居城であったが、昭和20年（1945）の沖縄戦で全焼。その後復元されている。また城壁の一部が「琉球王国のグスク及び関連遺産郡」のひとつとして世界遺産にも登録される

今帰仁城…沖縄県国頭郡今帰仁村にある城跡

城郭関連の博物館・資料館に行って専門知識を深める

歴史的な建造物と資料を同時に楽しめる場所

城郭を訪れる際、その城郭に関連した資料館や博物館にも足を運んでもらいたい。本や写真ではなく、貴重な歴史資料や美術品を間近に見学できるので、城郭の知識を増やす最適な場所といえます。また復興した天守や、復元した御殿内部が資料館として活用されている城もあり、その建物自体が魅力的なものもあります。

例えば、旧徳島城御殿跡にある徳島城博物館や、江戸時代の表御殿で唯一現存する建物である能舞台を有する彦根城博物館など。また、佐賀城本丸歴史館は本丸御殿の一部を忠実に復元し、木造建物としては日本最大級を誇っています。

徳島城博物館常設第2展示室「大名のくらしと文化」

精巧な復元模型は圧巻

徳島市立徳島城博物館

桃山様式の旧徳島城表御殿庭園（国指定名勝）の隣に、平成4年に開館。徳島藩と藩主・蜂須賀家に関する美術工芸品や歴史資料を中心に収蔵・展示しています。なかでも、全国で唯一現存する大名の船「千山丸」や、縮尺50分の1の「徳島城御殿復元模型」は見所。また、毎年「ひな人形の世界」をはじめ、企画展・特別展を6回行っています。

5
4
3
2
1

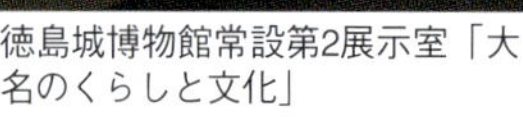

- 徳島藩御召鯨船千山丸
- 革包丸龍文二枚胴具足（複製）
- 関ヶ原合戦図屏風（原本 福岡市博物館蔵）
- 徳島城御殿復元模型

電話●088-656-2525　住所●徳島県徳島市徳島町城内1-8　開館●9:30～17:00（入館16:30）　料金●一般300円／高校生・大学生200円／中学生以下無料（特別展は別途料金）　休館日●月曜（祝日は開館）、祝日の翌日（日・祝日の場合は開館）、年末年始（臨時休館あり）　交通●JR徳島駅より徒歩約10分

日本最大級の木造建造物

佐賀県立佐賀城本丸歴史館

佐賀十代藩主鍋島直正が、天保期に再建した佐賀城本丸御殿の一部を忠実に復元し、建物内部を展示空間にしています。木造建造物としては、国内最大級の規模を誇ります。館内では、佐賀城の変遷や本丸御殿の復元過程などを紹介。また幕末・維新期に活躍した佐賀藩の偉人についての資料なども展示。表門である国重要文化財の「鯱の門」が出迎えます。

電話●0952-41-7550　住所●佐賀県佐賀市城内2-18-1　開館●9:30～18:00　料金●無料（募金制）　休館日●年末（臨時休館あり）　交通●JR佐賀駅よりバスで10分

見どころ
Check

- ☐ 佐賀城御本丸差図
- ☐ 長崎港警備図
- ☐ 国重要文化財「鯱の門」
- ☐ 大広間「外御書院」

彦根藩主・井伊家伝来の大名道具を展示

彦根城博物館

代々彦根藩主であった井伊家に伝わる、美術工芸品や古文書などを収蔵・展示している博物館。「ほんものとの出会い」をテーマに、「国宝・彦根屏風」の特別公開をはじめ、ほぼ月替わりで様々な展示が開催されています。また、彦根藩の政庁であった表御殿を復元した館内には、能舞台のほか、江戸時代さながらに再現した庭園なども公開されています。

電話●0749-22-6100　住所●滋賀県彦根市金亀町1-1　開館●8:30～17:00（入館16:30）　料金●一般500円／小・中学生250円　休館日●年末（臨時休館あり）　交通●JR彦根駅より徒歩約15分

見どころ
Check

- ☐ 井伊の赤備えの甲冑
- ☐ 井伊家伝来の大名道具
- ☐ 大名居室
- ☐ 茶室

城下町の暮らしに触れる

松本市立博物館

山岳・民俗・考古・歴史・教育の5部門をもつ総合博物館として、昭和23年（1948）に開館。現在は松本城関連の歴史資料と、重要有形民俗文化財・七夕人形コレクションなどの民俗資料を中心に展示しています。松本城関連は、「松本城と城下町の時代」と題し、1階に常設展示。松本藩の政治と藩主の生活、また、発掘資料を用いて城下町の人々の暮らしを紹介しています。

電話●0263-32-0133　住所●長野県松本市丸の内4-1　開館●8:30～17:00（入館16:30）　料金●大人200円／小・中学生100円（博物館のみの料金）　休館日●年末年始（臨時休館あり）　交通●JR松本駅より徒歩約15分　＊平成33年（期日未定）より移転準備のため休館予定

見どころ
Check

- ☐ 松本城下町復元模型
- ☐ 松竹梅と桐紋蒔絵の女乗物
- ☐ 甲冑と陣羽織

ライトアップされる城郭を鑑賞して幽玄の世界に浸る

日本でしか味わえない夜桜と城郭の共演

夜の静寂の中に浮かびあがる天守や櫓、石垣、堀、庭園……。それらは、日中に見た景観とは異なり、城内周辺を幻想的な雰囲気に包み込みます。見るものを幽玄の世界に誘ってくれるライトアップは、城郭鑑賞ならではの楽しみ方のひとつと言えるでしょう。

ライトアップは、3月～4月の桜開花時期に行われるケースが多いです。二条城や彦根城で行われるライトアップが、その代表例。夜桜とともに城郭を眺めると、「日本人でよかった」と再確認させられるはず。岡山城など、毎日ライトアップされる城郭もあるので、ぜひ一度、夜の城郭鑑賞に出かけてみてはいかがでしょうか。

琵琶湖畔の景色とともに

彦根城

(上) 彼方に映る天守は絶景
(左) 秋は玄宮園で紅葉のライトアップを楽しめる

城マニア度郭: 2

譜代大名筆頭・彦根藩主井伊家の城下町として栄え、平成29年には築城410年を迎えた彦根城。天守のみは毎日ライトアップしていますが、春と秋に催されるライトアップイベントでは彦根城周辺がライトアップされます。

春は桜の季節（桜の開花状況により変動）に、約1200本の夜桜とともに幻想的景観を、秋は紅葉とともに歴史的景観を楽しめます。

ゆったりと流れる時間の中で、彦根城ならではの景観を堪能してください。

電話●0749-22-2742　住所●滋賀県彦根市金亀町1-1
ライトアップ期間●要問合わせ（日没～21:00ぐらい）　料金●無料
交通●JR彦根駅より徒歩約15分

幻想の光に包まれる世界遺産

元離宮 二条城

世界文化遺産である二条城が、幻想的かつ幽玄の世界に包まれる春のライトアップには、多くの観光客が訪れます。

なかでも城内にある50品種・約300本の桜との競演は見応えがあり、桜はソメイヨシノはもちろん、東大手門そばにある寒緋桜や清流園での山桜など多種多様。ライトアップ期間中は様々なイベントが開催されています。

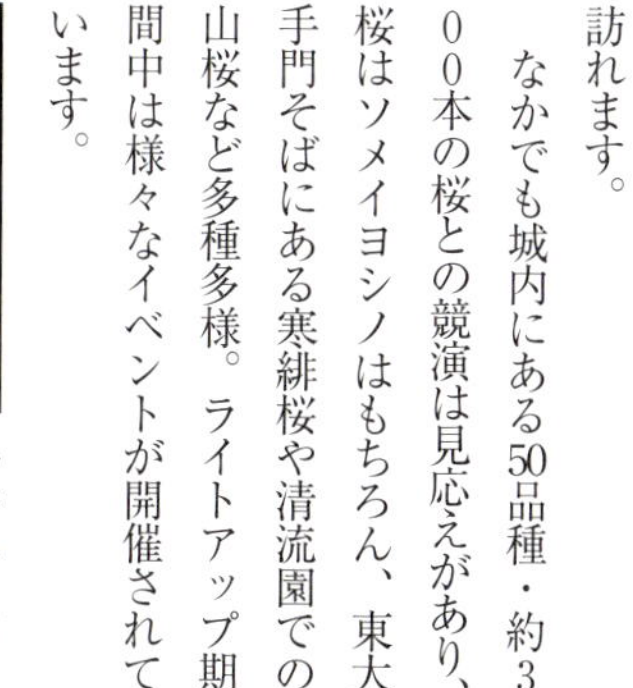

（上）清流園と桜が光に包まれる眺めは見事（左）幻想的な枝垂れ桜

電話●075-841-0096　住所●京都府京都市中京区二条通堀川西入二条城町541　ライトアップ期間●要問合わせ　料金●一般400円／中高生200円（2017年）　交通●地下鉄二条城前駅より徒歩約5分

毎日楽しめるライトアップ城郭

岡山城

慶長2年（1597）、豊臣五大老の一人・宇喜多秀家が築城した岡山城。その古式な天守の佇まいと、全国的にも珍しい不等辺五角形の天守台。また、黒い下見板張りの外観から、後世に「烏城」と呼ばれるようになります。ちなみに、現在の天守は昭和41年に再建されたもの。

天守のライトアップは毎日行われますが、周辺もライトアップされる春夏秋のイベントは見応え十分です。

天守閣とその周辺がライトアップされ、ロウソクや行灯で彩られる（烏城灯源郷）

電話●086-225-2096　住所●岡山県岡山市北区丸の内2-3-1　ライトアップ期間●毎日（日没～翌0:00ぐらい）　料金●無料　交通●路面電車城下電停より徒歩約10分

山頂からの眺めも絶景

館山城

戦国時代の武将・里見の居城だった館山城。現在の建物は櫓に入母屋の大屋根を掛け、その上に望楼を乗せて天守閣とし、天正の頃の様式を取り入れています。館内には「南総里見八犬伝」を題材とした資料を展示しています。

城が建つ山頂広場からの景色は、昼夜ともに絶景が広がります。特に城のライトアップが行なわれる夜はおすすめ。夜空に輝く天守とともに、館山湾に広がる夜景を同時に楽しめます。

日中は天守に上り、鏡ヶ浦を中心とした市街地が一望できる

電話●0470-23-5212　住所●千葉県館山市館山351-2　ライトアップ期間●毎日（日没～21:00ぐらい）　料金●無料　交通●JR館山駅よりバス約10分

＊ライトアップの内容・利用案内は変更になることがあります。

全国のお城まつりに行って城下町の雰囲気を堪能しよう

近世城郭の文化に触れられる貴重なイベントが盛りだくさん

全国各地にあるお城を中心に行われるお城まつりは、春・秋に開催されることが多く、開催期間は数日から二条城お城まつりのように約2ヶ月にわたり行われるものといろいろです。

イベントも様々ですが、大名行列や火縄銃の実演、流鏑馬など時代を彷彿とさせる趣向がやはり特徴といえるでしょう。さらに、普段の城郭鑑賞では体験できない、期間中だけしか見ることのできない特別展示や体験イベントもあります。また、お城まつりの場合、そこで育まれた文化を伝えるために、様々な工夫がされているのも特徴です。その意味では、城下町散策も楽しみのひとつになることでしょう。

姫路城の歴史を垣間見る時代パレード

姫路お城まつり

時代を彷彿させる時代パレード。パレードの最後を飾る総踊り

戦後間もない昭和23年に、幾度もの戦禍をくぐりぬけた姫路城を復興のシンボルにと始まったのが「姫路城お城まつり」です。5月中旬に3日間にわたり様々なイベントを開催。例年「薪能」でお祭りの幕が開きます。メインイベントは大パレード。時代パレードでは千姫輿入れや歴代城主たちの行列が行われ、姫路城の歴史を垣間見ることができます。パレードの最後を飾るのは総踊り。千人を超える参加者による踊りは圧巻です。ステージや体験型イベントも好評です。

城郭マニア度：5 4 **3** 2 1

電話●079-287-3652　住所●兵庫県姫路市本町68
開催期間●5月中旬の3日間　雨天決行　交通●JR姫路駅より徒歩約20分

鉄砲隊の演武に注目

国宝松本城お城まつり

姫路城とは対照的な、黒漆喰の外観が印象的な松本城。秋も深まりゆく10月、松本市民の祭典「まつもと市民祭」の一環として行なわれるのが、お城まつりです。市内茶道5流派による合同茶会ではじまり、松本城に伝わる物語をテーマにした人形飾り物展など、松本城ならではのイベントが満載。鉄砲隊員の装備品、火縄銃の種類、発射までの一連の動きを実演する「古式砲術演武」も見応え十分です。

（上）少年少女による武者行列
（下）火縄銃の轟音を体感「古式砲術演武」

電話●0263-32-2902　住所●長野県松本市丸の内4-1
開催期間●10月〜11月上旬
交通●JR松本駅より徒歩約15分

約2ヶ月間行われる一大イベント

二条城まつり

徳川家康により築城され、１８６７年にはここで大政奉還が発表されました。平成29年の「お城まつり」では大政奉還１５０年を記念するイベントが開催されました。二条城お城まつりは10月から12月上旬まで長期にわたって行われ、例年、市内茶道3流派による合同茶会で始まります。期間中は特別展や特別公開など多彩なイベントが目白押し。世界遺産・二条城を満喫してください。

（上）二の丸御殿大広間での大政奉還意思表明の模様
（下）ライトアップされたお城（どちらも2017年）

電話●075-841-0096　住所●京都府京都市中京区二条通堀川西入二条城町541　開催期間●10月上旬〜12月上旬
交通●地下鉄二条城前駅より徒歩約5分

復興発信の拠点とし春秋の2回開催

くまもとお城まつり

平成28年4月の熊本地震により熊本城も大きな被害を受けましたが、熊本城を復興発信の拠点とし、「くまもとお城まつり」は二の丸広場を中心に春と秋の2回行われています。春は桜の季節に合わせて開催。平成29年には熊本城にちなんだクイズウォークや食のイベントが。秋には太鼓響演会、古武道演武会、流鏑馬、名月観賞会などが行われ、期間中は周辺の城下町もお祭りムードに包まれます。

（右）秋のお祭りで行われる流鏑馬（下）太鼓響演会

電話●096-352-5900　住所●熊本市中央区二の丸2-1　開催期間●要問合わせ
交通●JR熊本駅よりバスで約20分

国宝・重要文化財建造物をもつ城郭を知り城郭鑑賞めぐりに活用しよう

5
4
3
2
1

城郭めぐりに迷ったら まずは国宝・重要文化財をチェック!

これまで紹介した「鑑賞のコツ」を実践するため、早く城郭めぐりに行きたい、と思った読者も多いことだと思います。しかし、実際に城郭鑑賞をするにあたって、「どの城郭から鑑賞すればいいの?」という疑問もでてきます。「とりあえず近くの城郭から」「やっぱりメジャーなお城から」など様々な見方があると思います。そこで今回は、城郭鑑賞の一つの指標にもなる国宝・重要文化財に指定される建造物をもつ城郭を紹介します。

姫路城や松本城など誰もが知っている城郭から、初めて耳にする城郭もあるかもしれません。ぜひ、城郭鑑賞に活用してみてください。

[国宝]
文化保護法によって国が指定した重要文化財のうち、特に文化史的・学術的価値の高いものとして文部科学大臣が指定した建造物・美術工芸品・古文書など

・**松本城(長野県)**
天守　乾小天守
渡櫓　辰巳附櫓　月見櫓

・**犬山城(愛知県)**
天守

・**彦根城(滋賀県)**
天守
附櫓及び多聞櫓

・**二条城(京都府)**
二の丸御殿

・**松江城(島根県)**
天守

・**姫路城(兵庫県)**
大天守　乾小天守　西小天守　東小天守
イ、ロ、ハ、ニの渡櫓

[重要文化財]

昭和25年（1950）に制定された文化財保護法による有形文化財のうち、特に重要として文部科学大臣が指定したもの

1. **福山城（北海道）**
本丸御門

2. **弘前城（青森県）**
天守
二の丸辰巳櫓・二の丸未申櫓・二の丸丑寅櫓・二の丸南門など

3. **江戸城（東京都）**
外桜田門・清水門・田安門など

4. **新発田城（新潟県）**
表門・旧二の丸隅櫓

5. **金沢城（石川県）**
三十間長屋・石川門・鶴丸倉庫

6. **丸岡城（福井県）**
天守

7. **小諸城（長野県）**
大手門・三之門

8. **名古屋城（愛知県）**
西南隅櫓・東南隅櫓・西北隅櫓など

9. **彦根城（滋賀県）**
西の丸三重櫓及び続櫓・太鼓門及び続櫓・天秤櫓・馬屋など

10. **二条城（京都府）**
本丸櫓門・本丸御殿玄関・二の丸御殿築地・本丸御殿御書院など

11. **大坂城（大阪府）**
大手門・塀・多門櫓・千貫櫓など

12. **姫路城（兵庫県）**
渡櫓27棟・菱の門など

13. **明石城（兵庫県）**
巽櫓・坤櫓

14. **和歌山城（和歌山県）**
岡口門

15. **岡山城（岡山県）**
月見櫓・西丸西手櫓

16. **備中松山城（岡山県）**
天守・二重櫓・三の平櫓東土塀

17. **福山城（広島県）**
伏見櫓・筋鉄御門

18. **丸亀城（香川県）**
天守・大手一の門・大手二の門

19. **高松城（香川県）**
北之丸月見櫓・北之丸水手御門など

20. **宇和島城（愛媛県）**
天守

21. **伊予松山城（愛媛県）**
天守・三ノ門櫓・乾櫓など

22. **大洲城（愛媛県）**
台所櫓・高欄櫓・三の丸南隅櫓など

23. **高知城（高知県）**
天守・懐徳館・納戸蔵など

24. **福岡城（福岡県）**
南丸多門櫓

25. **佐賀城（佐賀県）**
鯱の門及び続櫓

26. **熊本城（熊本県）**
宇土櫓・源之進櫓・四間櫓など

城郭は天守だけではない！城郭に残る魅力的な現存建造物

城郭の魅力というのは天守だけではありません。

櫓、門、塀など、天守以外でも美しい建造物であふれています。

ここでは、コツ1～コツ63までに紹介した天守以外の現存建造物を一部取り上げます。その魅力を再確認してください。

5
4
3
2
1

【櫓】yagura

名古屋城東南隅櫓
名古屋城の本丸にある東南隅櫓は古くは辰巳隅櫓と呼ばれていた。外観二重、内部三階建

大坂城千貫櫓
大手門に対して横矢の効く位置に配された重要な櫓。大坂城内に残る建物の中でも最も古い建造物のひとつ

彦根城天秤櫓
上から見ると「コ」の字をしており、両端を二重櫓とした多門櫓であった。天秤に見えることから その名がついた

【門】mon

大坂城大手門・高麗門

日本最大の枡形を有する大坂城の大手門。創建は元和6年（1620）で、落雷によって破損し、現在のは嘉永元年（1848）に補修したもの

【塀】hei

姫路城・油塀

城郭の塀は土塀が大半を占める。姫路城の油塀は、粘土を突き固める版築技法を用いたもので、現存する唯一のもの

【御殿】goten

二条城二の丸御殿

将軍上洛用の宿所として、慶長８年（１６０３）頃に完成した。表向き以外にも、台所と御清所が残されている

川越城本丸御殿

幕末の嘉永年間（1848～54）に再建された本丸御殿は、二条城などと比較すると、驚くほど質素につくられている

未知なる城郭知識を求めて ウソかホントか城郭トリビア

日本にとって大切な文化遺産でもある城郭は、その歴史とともに様々な逸話や伝説が残っています。その詳細はいまだ不明なものも数多くありますが、城郭ツウならぜひ知っておきたい豆知識がいっぱい。そんな城郭トリビアの数々をご紹介します。

5
4
3
2
1

トリビア.1

松本城天守は明治以降、1955年の大改修まで天守が傾いていた

江戸時代に起こった一揆「貞享騒動」の首謀者で、処刑された多田嘉助の怨念によって傾いたという伝説があったが、実際は支持柱の腐食が原因である

トリビア.2

名城と呼ばれる城郭を築いた大名は、織田・豊臣系の大名が多かった

築城の名手として、真っ先に名前が挙がるのが藤堂高虎と加藤清正。そのほか池田輝政や山内一豊、前田利家などが有名だが、彼らはすべて織田・豊臣の家臣から大名になった人物である

トリビア.3

安土桃山時代に活躍した石垣職人

元は古墳建造を専門とする集団であったといわれる穴太衆（あのう）。安土城の石垣を担当したことから、以後城郭の石垣構築も携わるようになり、江戸時代初頭にかけて多くの城郭の石垣が穴太衆の指揮のもとで造られている

トリビア.4

篭城の逸話「白米伝説」は本当の話？

数ある篭城の逸話の中で、代表的な「白米伝説」。なかでも有名なのが上杉謙信による七尾城攻めの際、敵が白米を流して滝のように見せかけたが、謙信はそこに鳥が群がっているのを見て米だと見抜き陥落させたという伝説が残っている

トリビア.5

次々と競売された城郭。姫路城も例外ではなかった

明治6年（1871）に廃藩置県が行なわれ、城は無用の長物に。その結果全国で城が競売にかけられた。姫路城でさえ一度は市内に住む個人に23円50銭で売却されている

トリビア.6

姫路城を破壊から救った中村重遠

明治維新後に次々と取り壊される城郭を惜しみ、陸軍管理の名古屋城と姫路城の保存を訴えたのが当時の陸軍大佐中村重遠。この結果、両城は守られることになった（名古屋城はその後空襲で焼失）

トリビア.7

福岡城天守は存在していたのか？

外様大名の福岡藩黒田氏の居城で知られる福岡城は、天守台があるのに、天守が存在しなかったとされている。幕府に対する遠慮からといわれるが、実際のところははっきりしない

トリビア.8

城郭や城跡に植樹された桜は廃城後の城の管理のためだった

廃城になった城の土塁や石垣は、雨などで次第に崩れるなどして管理に手間がかかる。そのため手入れが簡単な桜が植えられることになった

トリビア.9

テレビや映画のロケで使われる城郭

時代劇などには欠かせないのが城郭や城下町のシーンだが、もっともロケに使われるのが姫路城や彦根城。これはほとんどの時代劇が京都で撮影されているため

トリビア.10

戦国時代には女城主が2人存在した

織田信長の叔母で、絶世の美女と伝えられるおつやの方は美濃岩村城の女城主として実権を振るった。もう一人は筑前立花城主立花道雪の娘・ぎん千代も正式に城を相続する

[タ]

[ナ]

[ハ]

[マ]

[ヤ]

[ラ]

[ワ]

INDEX

鑑賞のコツ
予備知識

あとがき

日本の城は実に美しい。しかし城郭とは軍事的な防御施設であり、決して美しいものとして築かれたものではない。その美しさのなかにはこれまで語られることのなかった様々な先人の工夫が施されているのである。その工夫についてコツとして解き明かし、今後の鑑賞の手引きとなるように編んだものが本書である。

とある城へ見学に行ったときの話であるが、「この城には天守閣がないので、城ではなく城跡です。」という。どうも、お城イコール天守閣というイメージが強いようである。またある城では「この城には石垣もなく、何も残っていません。見所などありません。」といわれた。城郭には必ず石垣があるものと思われているようである。しかし城郭とは天守閣だけではなく、石垣や堀などの土木施設や、門、櫓などの建築施設の集大成である。もちろん石垣を用いず土塁のみで造られている城も

ある。それは決して石垣の城に劣るものではない。ところがこれまでの城郭の概説書では建築物や石垣ばかりが紹介され、土塁や堀などの土木施設に目を向けるものはほとんどなかった。

城郭の鑑賞にはこうした諸施設の構造を知ることが大切である。本書では城を知るための最低限のコツについて述べてみたつもりである。本書によって城の見方のコツを会得していただき、改めて全国の城を訪れていただければ筆者として嬉しいかぎりである。

最後にお城をこよなく愛する読者の皆様といずれかの城跡でお会いできることを楽しみにしております。

とにかく城歩きはおもしろい。

著者略歴　中井　均

1955年生まれ。龍谷大学文学部卒業。現在は、滋賀県立大学人間文化学部教授、NPO法人「城郭遺産による街づくり協議会」理事長。著書『カラー版徹底図解日本の城』（新星出版）『彦根城を極める』（サンライズ出版）『ハンドブック日本の城』（山川出版）ほか

Staff

編集
手島　慶（オフィス・クリオ）

著者
中井　均
手島　慶（オフィス・クリオ）

[執筆分担]
中井　均
コツ 2 〜コツ 59
手島　慶
コツ 1、コツ 60 〜コツ 65、コラム、鑑賞のコツ予備知識

Design & DTP
佐藤　信

写真提供
中井均、加藤理文、元離宮二条城事務所、高梁市商工観光課、会津若松市観光公社、金沢城・兼六園管理事務所、姫路市役所広報課、犬山市観光協会、松本城管理事務所、福井県観光連盟、松江城山公園管理事務所、高知城管理事務所、宇和島市教育委員会文化課、弘前市商工観光部公園緑地課、丸亀市商工観光課、赤穂市教育委員会生涯学習課、松山市観光産業振興課、岡山城事務所、福山城博物館、大洲市商工観光課、徳島城博物館、伊賀文化産業協会、人吉市教育委員会社会教育課、川越市観光課、福岡市教育委員会文化財整備課、中国国家観光局大阪駐在事務所、彦根市観光振興課、館山市商工観光課、松本市立博物館、佐賀城本丸歴史館、彦根城博物館、熊本城総合事務所、姫路お城まつり奉賛会、松本城管理事務所

より深く楽しむために　日本の城　鑑賞のポイント 65

2017 年 12 月 20 日　　第 1 版・第 1 刷発行

著　者　中井 均（なかい　ひとし）
発行者　メイツ出版株式会社
　　　　代表者　三渡 治
　　　　〒 102-0093 東京都千代田区平河町 1 丁目 1-8
　　　　TEL　03-5276-3050（編集・営業）
　　　　　　 03-5276-3052（注文専用）
　　　　FAX　03-5276-3105
印　刷　三松堂株式会社

ご意見・ご感想はホームページから承っております。

メイツ出版ホームページアドレス　http://www.mates-publishing.co.jp/

編集長：折居かおる　　企画担当：千代　寧

＊本書は 2009 年発行の『日本の城郭　鑑賞のコツ 65』を元に加筆・修正を行っています。